W.-D. Jägel

GRUNDLAGEN DEUTSCH

Herausgegeben von Johannes Diekhans
Erarbeitet von Johannes Diekhans und Michael Fuchs

Diktate

7–10

Schöningh

westermann GRUPPE

© 2006 Bildungshaus Schulbuchverlage
Westermann Schroedel Diesterweg Schöningh Winklers GmbH, Braunschweig
www.westermann.de

Das Werk und seine Teile sind urheberrechtlich geschützt.
Jede Nutzung in anderen als den gesetzlich zugelassenen Fällen bedarf der vorherigen schriftlichen Einwilligung des Verlages.
Für Verweise (Links) auf Internet-Adressen gilt folgender Haftungshinweis:
Trotz sorgfältiger inhaltlicher Kontrolle wird die Haftung für die Inhalte der externen Seiten ausgeschlossen. Für den Inhalt dieser externen Seiten sind ausschließlich deren Betreiber verantwortlich. Sollten Sie daher auf kostenpflichtige, illegale oder anstößige Inhalte treffen, so bedauern wir dies ausdrücklich und bitten Sie, uns umgehend per E-Mail davon in Kenntnis zu setzen, damit beim Nachdruck der Verweis gelöscht wird.

Druck A^3 / Jahr 2019

Alle Drucke der Serie A sind im Unterricht parallel verwendbar.

Umschlaggestaltung: INNOVA, Borchen
Druck und Bindung: Westermann Druck GmbH, Braunschweig

ISBN: 978-3-14-**025122**-8

Inhaltsverzeichnis

Vorwort 6

Lange Vokale (Dehnung) 9

Kurzdiktate 11

1. Wo hat die Eule ihre Ohren? **14**
2. Technik aus dem richtigen Leben **15**
3. Radfahrer **16**
4. Die ersten Menschen **17**
5. Der Kiebitz **18**
6. Ein berühmter Fall der Logik **19**
7. Sturm und Drang **20**
8. Probleme der direkten Demokratie **21**
9. Was ist ein Rechtsstaat? **22**
10. Das Zeitalter der industriellen Revolution **23**
11. Das Meer **24**
12. Regenwälder **25**

Kurze Vokale (Schärfung) 26

Kurzdiktate 28

13. Eine lebenswichtige Entdeckung **31**
14. Warum wird Giraffen nicht schwindelig? **32**
15. Nachrichten im Fernsehen **33**
16. Das Zeitalter des Erdöls **34**
17. Leben in Rom **35**
18. Warum erkennt man die eigene Stimme nicht? **36**
19. Verpackungen **37**
20. Eisschnellläufer **38**
21. Warum sollte man Chinesen nicht ärgern? **39**
22. Die Gefahren des Rauchens **40**
23. Was sind die Menschenrechte? **41**
24. American Football **42**

s-Laute 43

Kurzdiktate 46

25. „Gespräch" unter Pflanzen? 50
26. Wasser 51
27. Das menschliche Gehirn 52
28. Profiverträge im Spitzensport 53
29. Die Bedeutung des Trinkens 54
30. Vorsicht, Baby hört mit! 55
31. Wie funktioniert eine Wasserpistole? 56
32. Unterseeboote 57
33. Der Bär – der scheue Riese 58
34. Vorfahrt für die Autos? 59
35. Gefilterte Nahrung 60
36. Was sind die Kennzeichen einer Demokratie? 61
37. Demokratische Bewegungen in Deutschland um 1848 62

Groß- und Kleinschreibung 63

Kurzdiktate 73

38. Waldbrand 79
39. Schach 80
40. Freizeitgestaltung im alten Rom 81
41. Vom Nutzen der Raumfahrt 82
42. Die wissenschaftliche Erforschung der Träume 83
43. Ein Schätzfehler macht Geschichte 84
44. Gute und schlechte Medizin 85
45. Sehr geehrter Herr Schulte, … 86
46. Seltsamer Spazierritt 87
47. Ölpest 88
48. Der Wald 89
49. Welche Nachricht kommt in die Zeitung? 90

Getrennt- und Zusammenschreibung 91

Kurzdiktate 102

50. Was ist ein Satellit? 109
51. Leuchtende Tiefsee 110
52. Müllverbrennung 111
53. Was bedeutet k.o.? 112
54. Farbenblindheit 113

55. Unser Nachbarland Holland **114**
56. Am alten Bahndamm **115**
57. Eine kleine Fußballgeschichte Deutschlands **116**
58. Welche Religionen lehren die Wiedergeburt? **117**
59. Die Olympischen Spiele **118**
60. Sokrates **119**
61. Wie wird in einer Demokratie gewählt? **120**

Zeichensetzung 121

Kurzdiktate 133

62. Das Rebhuhn und der Fuchs **141**
63. Braun- und Steinkohle **142**
64. Mit den Ohren „sehen" **143**
65. Der Monolog **144**
66. Märkte und Messen **145**
67. Die Natur braucht den Menschen nicht **146**
68. Die Speisekarte der Neandertaler **147**
69. Der Blick in die Vergangenheit **148**
70. Mitwelt statt Umwelt **149**
71. Marokko: eine unglaubliche Vielfalt **150**
72. Woher kommt der Mensch? **151**
73. Das Echolot **152**
74. Ronja Räubertochter **153**
75. Kernenergie, Segen oder Fluch für die Menschheit? **154**

Der Bindestrich 155

Worttrennung am Zeilenende 158

Textquellen 160

Vorwort

Mit dem Beschluss der Kultusministerkonferenz aus dem Jahr 2006 zu einer erneuten und vorerst endgültigen Reform der deutschen Rechtschreibung liegt nunmehr ein Regelwerk vor, mit dem versucht wird, eine einheitliche Grundlage für das korrekte Schreiben zu schaffen.

Der vorliegende Band bezieht sich differenziert auf dieses Regelwerk. Er knüpft dabei an die Diktatsammlung „Grundlagen Deutsch, Diktate für das 4.–6. Schuljahr" an. Enthalten sind vor allem Übungstexte zu ausgewählten Problemen der Rechtschreibung für das 7.–10. Schuljahr. Einige im vorausgehenden Band behandelte Rechtschreibprobleme werden wieder aufgegriffen, zum Teil werden jedoch andere Schwerpunkte gesetzt. Im Einzelnen werden folgende Bereiche der Rechtschreibung behandelt:

- Lange Vokale und Diphthonge – Dehnung
- Kurze Vokale – Schärfung
- s-Laute
- Groß- und Kleinschreibung
- Getrennt- und Zusammenschreibung
- Zeichensetzung

Angehängt sind die wichtigsten Regeln zur Schreibung mit Bindestrich und zur Worttrennung. Fremdwörter werden nicht gesondert behandelt. Dieses Rechtschreibproblem ist in die anderen Bereiche integriert.

Zu jedem behandelten Bereich sind auch diesmal einige grundlegende Regeln formuliert, die in das Rechtschreibproblem einführen. Es folgt jeweils eine Reihe von Kurzdiktaten, die das Prinzip der 5-Minuten-Diktate aus dem Band zuvor wieder aufgreifen. Diese Kurzdiktate ermöglichen die Konzentration auf ganz bestimmte Rechtschreibprobleme und eignen sich für häufiges, wenig aufwändiges Üben. Immer wieder werden bestimmte Schreibweisen unmittelbar durch angehängte Regeln erklärt.

Die Diktattexte, die sich anschließen, sind unterschiedlich lang und unterschiedlich anspruchsvoll. Eine Zuordnung zu den einzelnen Jahrgangsstufen wurde nicht vorgenommen. Es bleibt den Diktierenden überlassen, für ihre Lerngruppe die richtige Auswahl zu treffen.

In den Diktattexten sind einige Wörter, die zu dem jeweils behandelten Rechtschreibproblem gehören, fett gedruckt. Einige davon werden in einer kleinen Übung unter dem Text wieder aufgegriffen. Diese Übungen können der Vorbereitung oder auch Nachbereitung des jeweiligen Diktattextes dienen.

Manchmal gibt es zwei zulässige Schreibweisen eines Wortes; die zweite Schreibweise ist dann ebenfalls angegeben. Dass sie in Klammern steht, bedeutet nicht, dass die andere Schreibweise bevorzugt wird.

Vorgaben, welche Wörter vor dem Diktat angeschrieben werden sollten, werden nicht gemacht. Auch hier bleibt es den Diktierenden überlassen, einzuschätzen, welche Wörter vorab geklärt werden müssen. Die Schreibweise unbekannter Eigennamen sollte in jedem Fall vorab erläutert werden.

Sinnvoll ist es, das Diktat zu Beginn vollständig vorzutragen. Anschließend wird der jeweilige Satz noch einmal als Ganzsatz vorgelesen und schließlich in Wortblöcken in angemessenem Tempo diktiert. Auch langsam schreibende Schülerinnen und Schüler müssen die Chance haben, sich auf das Wortmaterial zu konzentrieren. Am Schluss wird das Diktat noch einmal vollständig vorgelesen.

Die Texte als Blockdiktat zu verwenden ist nur eine Möglichkeit; für rechtschreibschwache Lerngruppen ist dieses Verfahren eher ungeeignet. Hier gibt es geeignetere Verfahren, zum Beispiel:

- Die Texte werden als Partnerdiktat eingesetzt. Die Rolle von Diktierendem und Schreibendem wechseln nach jedem Satz oder Abschnitt.
- Dem Schreibenden oder der Schreibenden wird der Diktattext vorgelegt. Nach dem jeweiligen Diktat eines Abschnitts kann das Material eingesehen und der aufgeschriebene Abschnitt korrigiert werden. Es darf jedoch immer nur eins aufgedeckt sein, entweder der Diktattext oder das Heft.
- Das Diktat wird zwar als Block diktiert, den Schreibenden wird jedoch die Möglichkeit gegeben, nach einem Abschnitt für eine begrenzte Zeit mit dem Wörterbuch zu arbeiten und Problemfälle nachzuschlagen.

Wird das Diktat als Überprüfungsdiktat eingesetzt, sollte den Schülerinnen und Schülern in jedem Fall klar sein, was als Fehler zählt und welche Korrekturmaßstäbe zugrunde gelegt werden. Hier gibt es neben individuellen Unterschieden auch einige übliche Verfahrensweisen:

1. Mehrere Fehler in einem Wort:	1 Fehler
2. Dasselbe Wort mehrmals in gleicher Weise falsch:	1 Fehler
3. Dasselbe Wort mehrmals in verschiedener Weise falsch:	je 1 Fehler
4. Weggelassene Wörter:	1 Fehler
5. Hinzugesetzte Wörter:	1 Fehler
6. Falsche Trennung:	1 Fehler
7. Satzzeichen falsch gesetzt:	1 Fehler

Es muss übrigens nicht immer der Rotstift sein, der den Fehler markiert. Die Farben grün oder schwarz erfüllen den gleichen Zweck.

Die Berichtigung fehlerhaft geschriebener Wörter sollte nicht nach einem einheitlichen Schema erfolgen, sondern nach Möglichkeit den Fehlertyp berücksichtigen und konkrete Hilfen beinhalten. Hier gibt es unterschiedliche Möglichkeiten.

1. Das Wort im ganzen Satz korrigieren, z. B. bei Grammatikfehlern
2. Ableitungen und Verlängerungen von Wörtern bilden lassen, z. B.: er rast – rasen, die Räume – der Raum
3. Wörterumrisse zeichnen lassen, z. B: nämlich –
4. Das Wort wiederholt aufschreiben oder in einen neuen Satzzusammenhang einordnen
5. Das Wort korrigiert aufschreiben und die Schreibweise durch eine Regel erklären

…

Abschließend sei darauf hingewiesen, dass es nicht darum geht, dem Schüler oder der Schülerin zu zeigen, was er oder sie nicht kann, sondern konkrete Hilfen zu geben, wie man zunehmend sicherer mit der Rechtschreibung, die auch von Erwachsenen nicht immer beherrscht wird, umgehen kann. Dazu möchte auch dieser Band einen Beitrag leisten.

Lange Vokale – Dehnung

R Lange, betonte Vokale können auf unterschiedliche Weise geschrieben werden. Sie können zum Beispiel mit einfachem Vokal, mit einem h als Dehnungszeichen nach dem langen, betonten Vokal oder mit einem doppelten Vokal geschrieben werden.
Die langen, betonten Umlaute ä, ö und ü werden nicht verdoppelt.
Die Doppellaute (Diphthonge) au, äu, eu, ei, ai gelten immer als lang.

Ohne Dehnungszeichen

R Viele Wörter mit einem langen, betonten Vokal werden ohne Dehnungszeichen, also mit einfachem Vokal, geschrieben.

BEISPIEL *Dose, Lüge, Raum, suchen, geben, groß, so*

Mit Dehnungs-h

R Ein langer, betonter Vokal wird in manchen Wörtern mit einem Dehnungs-h gekennzeichnet. Das Dehnungs-h wird oft geschrieben, wenn ein l, m, n oder r folgt.

BEISPIEL *Mühle, zahm, sich sehnen, fahren*

Mit doppeltem Vokal

R In einigen Wörtern wird der lange, betonte Vokal verdoppelt. Die Vokale u und i, Umlaute und Doppellaute (Diphthonge) werden jedoch immer nur einfach geschrieben.

BEISPIEL *Saal, Paar, Klee, Zoo*
aber
Säle, Pärchen

Die Wortbausteine ur-, -tum, -sam, -bar, -sal

R Die Wortbausteine *ur-, -tum, -sam, -bar, -sal* werden ohne Dehnungszeichen, also mit einfachem Vokal, geschrieben.

BEISPIEL *Urgroßmutter, Reichtum, mühsam, wunderbar, Schicksal*

Der lang gesprochene i-Laut

R Der lang gesprochene i-Laut wird häufig ie geschrieben.

BEISPIEL *Liebe, biegen, vier, ziemlich*

R In einigen Wörtern wird der lang gesprochene i-Laut mit einfachem i geschrieben. Häufig sind es Wörter aus anderen Sprachen.

BEISPIEL *Vitamine, Stil, Brise, Vampir, Klima, Margarine, Apfelsine, Tiger, Biber, Bibel*

R Nur in wenigen Wörtern kennzeichnet man den lang gesprochenen i-Laut mit ih oder ieh.

BEISPIEL *ihm, ihn, ihnen, ihr*
Vieh, sie befiehlt (befehlen), es zieht (ziehen), er sieht (sehen)

KURZDIKTATE

1 Was sind fossile Brennstoffe?

Damit sind diejenigen Brennstoffe gemeint, die in den Urzeiten der Erde meist aus organischer Materie entstanden sind, also Kohle, Erdgas und Erdöl.

2 Was versteht man unter der Höhengrenze?

Damit ist die Höhe über dem Meeresspiegel gemeint, über die hinaus im Allgemeinen keine menschlichen Siedlungen mehr möglich sind. Die Höhengrenze der Alpen liegt bei 2100 Metern; in den südamerikanischen Anden oder im Himalaja liegt sie erheblich höher, bei etwa 4000 Metern. Es gibt nur wenige Höhensiedlungen, die oberhalb dieser Grenzen liegen.

3 Homo sapiens

Die „Wiege der Menschheit" stand mit großer Sicherheit in Ost- und Südafrika. Dort wurden Schädel eines schon recht menschlich aussehenden Lebewesens gefunden, zusammen mit einfachen Werkzeugen aus Knochen und Steinen und sogar mit Feuerstellen. Aus diesem Urmenschentyp entwickelte sich über viele Zwischenstufen der Vorläufer des heutigen Menschen. Ihn bezeichnet man als „Homo sapiens", was so viel bedeutet wie „der vernunftbegabte Mensch". Er trat in der Evolution erst nach dem Neandertaler, also vor etwa 45 000 Jahren, auf.

4 Humus

Im gemäßigten Klima entsteht die oberste Schicht des Bodens aus herabfallenden Blättern und Zweigen sowie aus den Resten von Kräutern und Gräsern. Auch abgestorbene Bodentiere liefern reichlich Material dazu. Viele Kleinlebewesen bearbeiten und lockern dann diese Schicht. So entsteht allmählich der dunkle, außerordentlich fruchtbare Humus.

5 Nordpol

Der Nordpol ist der nördlichste Punkt der Erde, das Gegenstück zum Südpol. Durch beide zusammen führt die Rotationsachse der Erde. Vom Nordpol aus zeigen alle Richtungen nach Süden; hier laufen die Meridiane zusammen. Die Land- und Eismasse über dem Nordpol heißt Arktis. Sie ist eine Kältewüste.

6 Was ist ein Priel?

Im Watt der Nordsee kann man bei Ebbe richtige Miniaturflüsse mit Haupt- und Nebenarmen sehen, in denen das Restwasser zum Meer hin abfließt. Diese kleinen Abflussrinnen nennt man Priele.

7 Was ist ein Schneebrett?

Eine Schneedecke, die durch den Druck des Windes an einem Hang zusammengepresst wird, bezeichnet man als Schneebrett. Darunter kann sich jedoch eine Luftschicht erhalten haben. Wenn nun etwa ein Skifahrer das Schneebrett „anschneidet", löst es sich von seiner Unterlage und donnert als Lawine zu Tal.

Lange Vokale – Dehnung

8 Was ist ein Seebeben?

Ein Seebeben ist ein Erdbeben, dessen Zentrum unter dem Wasser eines Ozeans liegt. Ein Seebeben löst oft verheerende Flutwellen aus.

9 Wovon ernähren sich Bücherwürmer?

Bücherwürmer sind kleine, flügellose Insekten. Sie ernähren sich von abgestorbenen Pflanzen, also auch von Altpapier. Bücherwürmer gibt es wirklich(,) und sie fressen in der Tat Bücher. Früher richteten sie in Bibliotheken große Schäden an.

10 Wer war Götz von Berlichingen?

Der Ritter Götz von Berlichingen hat im späten Mittelalter wirklich gelebt. Er war ein gefürchteter Haudegen, der im Kampf eine Hand verlor. Fortan trug er eine Prothese. Man nannte ihn auch den „Ritter mit der eisernen Hand". Seine Lebensgeschichte inspirierte Goethe zum Schauspiel „Götz von Berlichingen", in dem auch das bekannte Götz-Zitat vorkommt.

11 Wer waren Romeo und Julia?

Das berühmte Liebespaar Romeo und Julia hat es nicht wirklich gegeben. Sie sind eine Erfindung von William Shakespeare und die Helden seines gleichnamigen Theaterstücks. Ihre Geschichte handelt von der Liebe zweier junger Leute, die aus verfeindeten Familien stammen. Sie wollen heimlich heiraten, doch der Plan misslingt(,) und das Liebespaar findet den Tod.

12 Sahen die Neandertaler anders aus als wir?

Die Neandertaler waren dem heutigen Menschentypen recht ähnlich. Vom modernen Menschen unterschieden sie sich durch ihre starken Augenwülste und durch das fliehende Kinn. Sie hatten insgesamt ein spitzes Gesicht. Trotzdem würde ein Neandertaler in moderner Kleidung in einer Großstadt nicht sonderlich auffallen.

13 Was sind Lettern?

Lettern sind kleine Metallstempel mit Schriftzeichen. Man nennt sie auch Typen. Jede Letter steht für einen Buchstaben oder ein anderes Zeichen wie Punkt oder Semikolon. Sie wurden in einen Rahmen eingesetzt. Eine Seite musste also nur einmal mit Lettern bestückt werden. Anschließend konnten davon beliebig viele Abdrucke gemacht werden. Wie jeder Stempel zeigt auch eine Letter ein spiegelverkehrtes Bild des Buchstabens.

14 Seit wann leben in Australien Menschen?

Australien ist der letzte Kontinent, der von europäischen Seefahrern entdeckt wurde. Im Jahre 1770 landete der englische Kapitän Cook auf diesem Erdteil und erklärte das Land zum Eigentum Englands. Damals lebten in Australien vermutlich zwischen 300 000 und einer Million Ureinwohner. Ihre Vorfahren waren in der Steinzeit mit Booten aus Asien gekommen.

15 Warum bohrt der Zahnarzt?

Sobald sich die Löcher bis in die Nähe der Nerven im Inneren des Zahns ausweiten, fangen die Zahnschmerzen an. Da kann nur noch der Zahnarzt helfen. Er bohrt die Löcher aus und verschließt sie mit einer Plombe. Wenn man nicht rechtzeitig zum Zahnarzt geht, werden die Löcher immer größer. Sie zerstören den Zahn(,) und schließlich muss er gezogen werden.

16 Woher kommt das Magenknurren?

Wenn wir Nahrung verdauen, sind Magen und Darm sehr beschäftigt. Sie bewegen sich, ziehen sich zusammen und dehnen sich wieder aus. Dabei schieben sie den Nahrungsbrei durch das Verdauungssystem. Auch wenn Magen und Darm leer sind, ist das Verdauungssystem weiter am Werk. Aber da ist nur noch Luft im Magen und Darm, die herumgeschoben wird, und es grummelt im Bauch. Sobald wir wieder etwas essen, hört das Magenknurren auf.

17 Warum riecht bei Regenwetter alles stärker?

Wenn die Luft feucht ist, können wir die Geruchspartikel in der Luft besser wahrnehmen. Die Duftteilchen regen die Riechzellen in der Nase stärker an. Deshalb riecht bei einem Spaziergang im Regen alles viel stärker. In der freien Natur freuen wir uns über die frische Luft, in der Stadt riechen wir die stinkenden Auto- und Industrieabgase deutlicher als bei Sonnenschein.

18 Bootsfahrt auf einem Blatt

Du könntest den Amazonas befahren, ohne ein Boot zu besteigen. Es gibt dort nämlich Riesenseerosen mit Blättern, die auf dem Wasser treiben. Manche bringen es auf einen Durchmesser von zwei Metern und sind so stabil, dass sie dich tragen könnten. Sie haben eine stachelige Außenseite und würden dich dadurch auch vor den Schlangen und sonstigen Reptilien schützen, die im Amazonas vorkommen.

19 Heide

Heide nennt man eine Form der Vegetation, die nur aus niederen Sträuchern, harten Gräsern und vereinzelten Bäumen besteht. Man findet sie meist auf Böden, die sehr arm an Wasser und Nährstoffen sind. Oft entsteht eine Heidelandschaft am Rand eines Waldes, so zum Beispiel in der Lüneburger Heide.

20 Hochebene

So nennt man eine Ebene, die 200 Meter oder noch höher über dem Meeresspiegel liegt. Ein Beispiel dafür ist die Kastilische Hochebene in Spanien.

21 Aale

Aale sind im Süß- und Salzwasser lebende Knochenfische mit schlangenförmigem Körper. Man unterscheidet Fluss- und Meeraale. Aale gehören zu den Raubfischen.

14 Lange Vokale – Dehnung

T₁ Wo hat die Eule ihre Ohren?

Viele Arten von **Eulen** und **Uhus** haben rechts und links auf dem Kopf breite, spitz zulaufende Pinsel, die **wie Ohren abstehen**. Dabei handelt es sich jedoch nicht um **Ohrmuscheln**, sondern nur um **Federbüschel**. **Eulen** haben **keine Ohrmuscheln**, ihre **Ohren** sind seitlich im Kopf befindliche Löcher.
Was bei **Säugetieren** die **Ohrmuscheln** sind, **nämlich** eine Vorrichtung, die den Schall in den **Gehörgang leitet**, das ist bei den **Eulen** der **Gesichtsschleier**. Er besteht aus **Federkreisen** rund um die **Augen** oder um das Gesicht. Die **Federn** fangen den Schall auf, **verstärken ihn** und **leiten** ihn zu den **Ohrlöchern**.
Eulen haben ein **scharfes Gehör**. Sie **hören** nicht nur ein **Mäuschen** im **Laub** rascheln, sie können auch den **Ort** des Raschelns **so** genau **festlegen**, als **würden** sie in stockfinsterer Nacht die **Maus** wirklich **sehen**.
Das **Gehör** der **Eule** bildet zusammen mit den **scharfen Augen, die** auch in der Dunkelheit **gut sehen**, ein unglaublich **leistungsfähiges System** zum **Aufspüren** von **Beutetieren**.

Wörter: 159

Notizen:
_____
_____
_____

Ü Welche der im Text oben fett gedruckten Wörter sind in dem folgenden Buchstabenquadrat enthalten? Schreibe sie heraus.

A	B	C	D	E	F	G	H	I	N	F
H	Ö	R	E	N	T	U	G	J	Ä	E
Z	Y	H	G	R	W	W	E	K	M	S
X	Y	A	X	B	C	D	H	L	L	T
S	Y	S	T	E	M	E	Ö	M	I	L
W	V	G	W	X	Y	P	R	N	C	E
T	T	U	V	B	A	P	F	O	H	G
R	S	T	U	T	S	R	Q	P	Q	E
A	U	F	S	P	Ü	R	E	N	R	N
U	P	K	G	F	C	M	Z	S	T	U
N	M	L	H	E	D	B	Y	X	W	V

_____
_____
_____
_____
_____
_____
_____

Lange Vokale – Dehnung 15

T₂ Technik aus dem richtigen Leben

Die **Erde** ist ein **riesiges Labor**. **Seit vier** Milliarden **Jahren experimentiert hier** die **Natur** selbst und hat **viele** technische **Prinzipien** bis zur **Serienreife** verbessert.
Vor Jahren entdeckten Wissenschaftler kleine Rillen in den Schuppen von Haien. Sie verringern den **Wasserwiderstand** der **Tiere**, das **spart Energie**. Mittlerweile **experimentieren Strömungstechniker** mit einer **Rillenfolie**. Sie wird auf die **Außenhaut** von **Flugzeugen geklebt**, das spart Treibstoff.
Bionik heißt die Wissenschaft, die Technik nach **biologischen** Vorbildern entwickelt. Bereits Leonardo da Vinci **studierte** den **Flug** der **Vögel**, um dann Flugapparate zu bauen. Wie die Klette sich in das Fell eines Tieres krallt, so **funktionieren** auch die **Haken** und **Ösen** eines Klettverschlusses. **Grashalme** liefern das Vorbild für **gewagte Konstruktionen** von Häusern und Dächern.
Heute gehen die Forscher nicht anders vor: Die Schwimmbewegungen von **Pinguinen** sollen **Informationen** für bessere Schiffsschrauben **liefern**. Auf der **Suche** nach einem **Weg**, Wasserstoff herzustellen, haben Wissenschaftler **Bakterien** entdeckt, die Wasserstoff erzeugen. Das ist interessant, weil unsere Autos in einigen **Jahrzehnten** nicht mehr **Benzin**, sondern Wasserstoff im Tank haben sollen.

Wörter: 170

Notizen:
_____
_____

Ü Hier sind die Buchstaben einiger der fett gedruckten Wörter durcheinandergeraten. Schreibe sie in der richtigen Form auf:

xmpeieernttier: _____

riPpnzi: _____

oFeli: _____

dtsuerite: _____

unfntiekroien: _____

atBeekrin: _____

Lange Vokale – Dehnung

T₃ Radfahrer

Rette die Welt auf zwei **Rädern**! Das **Fahrrad** ist noch immer das umweltfreundlichste **Verkehrsmittel**. Du kannst dich **fortbewegen, ohne** die Luft zu verschmutzen und so zum Treibhauseffekt **beizutragen**. Die **einzige Energie, die** dein **Fahrrad** verbraucht, ist deine eigene.
Das **Radfahren** ist **außerdem** gesund und hält dich fit. Es gibt noch **viele** andere Gründe, **die für** das **Rad** sprechen. Weil der **Straßenverkehr** in den Städten häufig **mehr steht** als rollt, bist du mit **dem Rad** oft schneller als mit **dem** Auto. Du findest für ein **Rad** auch **jederzeit problemlos** einen Parkplatz. **Räder** sind billig in der Herstellung und halten bei **guter Pflege** auch länger als ein **Wagen**.
Um sicher **zu radeln**, muss man allerdings vorsichtig sein. Bisher hatten immer **die** Autos „**Vorfahrt**". Die **Straßen** sind **nämlich** vor allem **für** den **Autoverkehr** gebaut. In **vielen** Städten wurde jedoch in **den** letzten Jahren ein weit verzweigtes (weitverzweigtes) Netz an **Radwegen angelegt**. Deutschland, Holland und Dänemark haben besonders **viel übrig für Radfahrer**. 41 Prozent der **dänischen Arbeitnehmer fahren** zum Beispiel mit **dem Rad** zur **Arbeit**.

Wörter: 171

Notizen:
_____
_____

Ü Trage jeweils sechs fett gedruckte Wörter aus dem Text oben in die beiden Spalten der Tabelle ein.

Wörter mit langem Vokal ohne Dehnungszeichen	Wörter mit langem Vokal und einem h als Dehnungszeichen
_____	_____
_____	_____
_____	_____
_____	_____
_____	_____
_____	_____

Lange Vokale – Dehnung

T4 **Die ersten Menschen**

Die ersten Menschen **lebten vor drei Millionen Jahren. Sie** lebten in **Höhlen** und stellten **einfache Werkzeuge aus Stein her: Faustkeile, Schaber** und **Feuersteinbeile.** Eines **Tages** machten sie eine Entdeckung, die **ihr Leben grundlegend** veränderte: Sie lernten(,) das **Feuer zu gebrauchen.**
Die Menschen, die vor etwa 100 000 Jahren lebten, gingen **aufrecht** und hatten **bereits große Ähnlichkeit** mit uns. Anhand von Knochenfunden konnten **Archäologen rekonstruieren, wie** die Menschen **damals ausgesehen haben.** Der **Neandertaler** zum **Beispiel war** etwa 1,50 **Meter groß** und sehr kräftig gebaut. Sein **Schädel** war **größer** als der menschliche Schädel **heute.**
Die Menschen bearbeiteten **Steine.** Sie **schlugen** sie gegeneinander(,) und aus den Bruchstücken stellten sie Werkzeuge **her.**
Sie fertigten nicht nur **Speer-** und Pfeilspitzen an, sondern auch Schaber, um **Tierhäute** von Fleischresten zu **säubern.** Aus Knochensplittern machten sie **Nadeln,** mit **denen** sie ihre **Kleidungsstücke** aus **Leder** oder Fell **zusammennähten.**
Zu dieser **Zeit** war Europa mit **riesigen** Gletschern bedeckt. Man nennt diese Zeit die Eiszeit. Die Menschen mussten sich warm **anziehen.** Dazu verwendeten sie die Felle der **Tiere,** die sie auf der **Jagd erlegt** hatten.

Wörter: 177

Notizen:
_____
_____
_____
_____

Ü Schreibe zehn Wörter heraus, die einen langen Vokal, aber kein Dehnungszeichen haben. Unterstreiche den langen Vokal.

_____
_____
_____
_____
_____

Lange Vokale – Dehnung

T5 Der Kiebitz

Im **Volksglauben** galt der **Kiebitz** nicht **nur** als Verkünder des **Frühlings**, sondern auch als Glücksbringer und **war** als solcher gerne **gesehen**. **Seit jeher** hat er die Aufmerksamkeit der Menschen auf sich **gezogen** und **ihre Fantasie (Phantasie)** angeregt. Und in der **Tat**: Wenn **diese unverwechselbaren Vögel** mit **akrobatischen Schauflügen** unter **melodischen Rufen** im März **signalisieren**, dass sie ihre **Brutreviere wieder bezogen haben**, sind sie **für** uns **weder zu übersehen** noch zu **überhören**. Und **ohne** besonders romantisch veranlagt sein zu müssen, sind sicherlich die **meisten** Menschen von dieser **Darbietung angenehm berührt**.
Nun steht der bekannte Vogel **wieder** im Blickpunkt öffentlichen Interesses. War er noch vor **wenigen Jahrzehnten** von kaum einer **Wiesenlandschaft** wegzudenken, wird der Kiebitz heute in den meisten Bundesländern auf der „**Roten** Liste" der **gefährdeten Tierarten geführt**. Die **Einführung** immer **intensiverer** Grünflächennutzung hat der **typische Wiesenvogel vielerorts** nicht verkraftet. Stellenweise ist ihm allerdings die Umstellung auf Äcker oder andere Lebensräume gelungen.
Dort, **wo** er noch vorkommt, **lohnt** es sich, diesen temperamentvollen Vogel zu **beobachten**. Nicht nur die wendigen, überschwänglichen **Schauflüge** und **wohlklingenden** Rufe, sondern auch das **ausgiebige Begrüßungsritual** der Partner am **Boden** sichern ihm unsere **Sympathie**.

Wörter: 186

Notizen:

_____

_____

Ü Löse das folgende Worträtsel.

1. Wer sich gut etwas vorstellen kann, der hat viel

   _____ .

2. Jemandem ein Signal geben: _____

3. Ein festgelegtes Waldgebiet: _____

4. Wenn ich jemanden gut leiden kann, dann habe

   ich _____ für ihn.

T₆ Ein berühmter Fall der Logik

Ein junger Mann **schließt** mit einem **berühmten Rechtsgelehrten**, bei dem er Unterricht **nehmen** will, folgenden **Vertrag**: Der junge Mann **zahlt** dem Rechtsgelehrten im Voraus das halbe **Honorar**. Die zweite Hälfte zahlt er erst dann, wenn er nach **Absolvierung** des Unterrichts einen Prozess gewinnt. Sollte er **wider** Erwarten seinen ersten Prozess **verlieren**, dann braucht er dem Rechtsgelehrten die **zweite** Hälfte nicht **mehr zu bezahlen**.
Der Rechtsgelehrte geht auf den Vertrag ein, **verklagt** aber den jungen Mann einige Zeit **später** auf **Zahlung** der zweiten Honorarhälfte, nachdem **dieser** zwar den Unterricht abgeschlossen hat, aber nicht **bereit** ist, irgendeinen Prozess zu **führen**.
Vor dem Gericht entspinnt sich dann zwischen den beiden folgende Diskussion.
Der junge Mann **argumentiert**: „Ich brauche die zweite Hälfte des Honorars auf keinen Fall zu bezahlen. Denn das ist ja mein erster Prozess. **Verliere** ich **ihn**, bin ich ja **gemäß** der Abmachung von der **Zahlung** befreit. Gewinne ich ihn **aber**, brauche ich laut Gerichtsbeschluss nicht zu zahlen."
Der Rechtsgelehrte **erwidert**: „Du musst in jedem Fall zahlen. Verlierst du **nämlich**, so musst du laut dem Richterspruch zahlen. Gewinnst du aber, so musst du zahlen gemäß unserer Vereinbarung."
Wer von beiden hat Recht (recht)?

Wörter: 192

[Lösung: Beide haben Recht: In der Abmachung war nicht bedacht worden, dass der junge Mann sich in seinem ersten Prozess selbst als Anwalt vertritt.]

Notizen:
_____
_____
_____

Ü

Schreibe möglichst viele zusammengesetzte Wörter mit wider-/Wider- auf. Schau gegebenenfalls in einem Wörterbuch nach.

_____
_____
_____
_____

Lange Vokale – Dehnung

T7 Sturm und Drang

Sturm und Drang, das klingt **wie Aufruhr** und **Revolution**; und in der **Tat**, es **war** eine **revolutionäre Bewegung** in der **deutschen** Dichtung der **zweiten** Hälfte des 18. **Jahrhunderts**. Die Bezeichnung stammt **übrigens ursprünglich** von dem Titel eines **Dramas** aus dieser **Zeit**. Die Stürmer und Dränger **waren** junge Dichter zwischen 20 und 30, die leidenschaftlich **gegen** ihre Zeit **protestierten**.
Wie die Dichter der **Aufklärung** wandten sie sich gegen die Macht der Fürsten und gegen die Stellung des **Adels**, gegen gesellschaftliche Schranken und **Vorurteile**. Sie wandten sich **aber** auch gegen die Herrschaft der kalten Vernunft(,) und damit **unterschieden sie** sich von der Aufklärung. Stattdessen verkündeten sie die Rechte des **Gefühls** und der **Fantasie (Phantasie)** und vor allem die Rechte des ungebundenen Künstlers, des **Genies**. Ein jeder von **ihnen fühlte** sich als Genie, das im **Leben** und in der Kunst seinen eigenen Gesetzen folgen kann.
Auch der junge Goethe **gehörte** zu den Stürmern und Drängern. Sein **berühmter** Ritter Götz von Berlichingen kämpfte für die Freiheit des Einzelnen gegen die Übermacht des **Staates**. In Schillers Drama „Kabale und **Liebe**" scheitern die **Liebenden** am Gegensatz zwischen Adel und Bürgertum und an der **Gemeinheit** verbrecherischer **Fürstendiener**.

Wörter: 193

Notizen:
_____
_____

Ü Ergänze die folgenden Sätze mithilfe des Textes und der fett gedruckten Wörter.

Der Sturm und Drang war eine _____ Bewegung in der deutschen Dichtung.

Die jungen Dichter _____ leidenschaftlich gegen ihre Zeit.

Sie verkündeten die Rechte des _____, der _____ und des _____.

Lange Vokale – Dehnung 21

T₈ Probleme der direkten Demokratie

Im **Stadtstaat** Athen versammelten sich **regelmäßig** alle Bürger der Stadt auf dem Marktplatz, um über Gesetze und **Vorhaben** ihre **Meinungen auszutauschen** und sie per Abstimmung zu **beschließen**. Auf **diese Weise** wird noch heute abgestimmt, zum **Beispiel** in **Vereinen, Schulklassen** und anderen **relativ** kleinen und **überschaubaren** Gruppen.
So **funktionieren** Abstimmungen in einer direkten **Demokratie**: Alle Bürger sind direkt an allen Entscheidungen **beteiligt**, sie **diskutieren** mit und **geben** jedes **Mal**, wenn über etwas **entschieden** werden muss, **persönlich ihre** Stimme ab.
In modernen **Staaten** mit Millionen von **Einwohnern** lässt sich Politik freilich auf diese Weise nicht mehr **betreiben**. Es **wäre** gar nicht **möglich**, die Millionen von Bürgern an einem Platz **zusammenzurufen**.
Hinzu kommt, dass man heute viel Fachwissen braucht, um sinnvolle Entscheidungen zu treffen und gerechte Gesetze zu gestalten. Wer beurteilen will, ob etwa der Bau einer ICE-Trasse, eines **Flughafens** oder eines **Atomkraftwerkes** wirklich sinnvoll ist, muss nicht nur **viel** über die Technik wissen, sondern auch die Wirtschaftlichkeit **nachprüfen** und die **Nachteile** für Umwelt und **Anwohner abwägen** können. Nur **wenige** Bürger haben die Ausbildung und die **Zeit**, sich in solche **Fragen so** weit einzuarbeiten, dass sie wirklich sachkundig darüber urteilen und abstimmen können.

Wörter: 193

Notizen:

_____

_____

Ü Zeichne die Wortumrisse für folgende Wörter und trage danach die Buchstaben ein:

beschließen

relativ

Demokratie

diskutieren

funktionieren

viel

Lange Vokale – Dehnung

T9 **Was ist ein Rechtsstaat?**

Jeder demokratische Staat ist gleichzeitig auch ein **Rechtsstaat**. Das **bedeutet**, dass an **oberster** Stelle nicht die **Regierung steht**; vielmehr sind es die Gesetze. Die **Grundlage** aller Gesetze, die vom Parlament beschlossen werden, ist die Verfassung des **Staates**. Kein Gesetz darf der Verfassung **widersprechen** oder sie verletzen.
In einem **Rechtsstaat wie** dem unsrigen sind die Richter unabhängig von der **Regierung** und vom Parlament. **Niemand** darf ihnen Anweisungen geben, wie sie in einem Fall zu entscheiden **haben**, was in **Diktaturen** durchaus **üblich** ist. Ihre Entscheidungen können von übergeordneten Gerichten **überprüft** und unter Umständen **korrigiert** werden.
Die Gerichte **kontrollieren** auch die Arbeit der Polizei. Die Polizei kann zwar einen Verdächtigen **festnehmen**, wenn sie ihn auf frischer **Tat** ertappt hat oder **Fluchtgefahr besteht**. Aber **spätestens** am nächsten **Tag** muss ein Richter **darüber** entscheiden, ob er in Haft bleibt. Nur wenn es einen von einem Richter ausgestellten **Haftbefehl** gibt, kann ein Verdächtiger verhaftet, also für einen längeren Zeitraum eingesperrt werden.
Bei **schweren Vergehen** oder Verbrechen wie etwa Mord oder **Entführung** erhebt der **Staat**, vertreten durch einen **Staatsanwalt**, von sich aus **Anklage** gegen den **Täter**. Aber natürlich kann jeder Bürger auch selbst die Gerichte anrufen, wenn er sich ungerecht behandelt **fühlt**.

Wörter: 200

Notizen:

_____

Ü Ergänze die folgenden Sätze mithilfe des Textes:

Ein Staat, in dem an oberster Stelle die Gesetze stehen, ist ein _____. Ein Richter muss _____ entscheiden, ob jemand in Untersuchungshaft bleibt. Nur wenn es einen von einem Richter ausgestellten _____ gibt, kann ein Verdächtiger verhaftet werden. Bei _____ Vergehen erhebt der _____, vertreten durch den _____, von sich aus Anklage.
In _____ ist es durchaus üblich, dass die Regierung den Richtern Anweisungen gibt.

Lange Vokale – Dehnung 23

T10 **Das Zeitalter der industriellen Revolution**

Das 19. **Jahrhundert** war das Zeitalter der industriellen Revolution. **Die** Menschen erfanden das **Telefon** und die **Fotografie**. **Sie** konnten **Strom erzeugen** und **Stahl** herstellen, aus **dem** sie **Maschinen** und **Motoren bauten**. Dank der ersten Impfstoffe konnten endlich die Krankheiten bekämpft werden, die **früher tödlich verlaufen waren**.
Mit der Erfindung der Dampfmaschine gingen **viele** Arbeiten in den **Fabriken** einfacher. Die Dampfmaschine wurde auch im **Transportwesen** eingesetzt: **Dampflokomotiven** und die ersten **Motorfahrzeuge erleichterten** den Transport von **Gütern** und **Reisenden**.
Viele Bauern verließen die Dörfer und gingen in die Stadt, um in den Fabriken zu arbeiten. **Aber** das **Leben war** dort **sehr** hart. Der **Arbeitstag dauerte** bis zu 16 Stunden. Die Arbeiter wurden schlecht **bezahlt**(,) und **ihre** Unterkünfte waren ärmlich. Oft **lebten Familien** in nur **einem** dunklen und **feuchten Raum**. In den **Minen** der **Bergwerke** arbeiteten **sogar** Kinder. Manche mussten in den **Straßen Blumen** und Streichhölzer **verkaufen**. **Viele** starben an Krankheiten oder an **Unterernährung**.
Auch die einfachen Handwerker lebten sehr **bescheiden**. Sie arbeiteten zu **Hause** als **Schuhmacher**, **Schneider** oder **Weber**. Eine Weberfamilie lebte in einem einzigen Raum, in dem der **Webstuhl** fast den ganzen Platz **einnahm**. Durch den Fortschritt in der Technik verschwanden die kleinen Webstühle **nach** und nach.

Wörter: 200

Notizen:

Ü Schreibe die fünf fett gedruckten Wörter heraus, die ein langes i ohne Dehnungszeichen haben.

Lange Vokale – Dehnung

T11 Das Meer

Das **Meer fasziniert** seit jeher den **Geist** des Menschen. Mit dem bis ins **Endlose** freigegebenen Blick zwischen Wellen und Himmel **steht** es als **Symbol** der Freiheit. Auf den Meeren war der Mensch aber **stets** nur kurzer Gast. Nur in den **schmalen und fruchtbaren Meereszonen** entwickelten sich **Kulturen**, die **ihre Güter** des **Lebens** zum **überwiegenden** Teil aus den Meeren **bezogen**: Fischer und Eskimos. Ihr Einfluss auf das Leben im Meer und seine eigenwilligen Produktionsprozesse war gering, ihre technischen **Möglichkeiten** begrenzt, trotz einer bewundernswerten Vertrautheit mit dem Meer. Es entstanden örtlich auch ganz erstaunliche **Fischereimethoden** und Nutzungsformen in der **Urbevölkerung** mit dem **Ziel**, die empfindlichen **Nahrungsquellen** nicht zu **gefährden**. Das rettete der **Riesenschildkröte** beispielsweise das Überleben, einer Art, die zur Fortpflanzung an den Sand der Küste muss, wo sie leicht zu fangen ist.

Doch **diese** Kulturen und ihr **schonender** Umgang mit den Früchten des Meeres sind **vielerorts** zerbrochen. Die Folge war eine Ausbeutung der zuvor sorgfältig gepflegten Naturgüter. Der Grund war stets derselbe: der Kontakt mit der westlichen Kultur und die **Übernahme** unserer Wettbewerbswirtschaft. Nicht einmal der **internationale** Status der Meere **gewährt** Schutz. Die eigennützige und auf **Gewinnmaximierung** ausgerichtete **Hochseefischerei** ist eine gewaltige **Gefahr** geworden.

Wörter: 199

Notizen:

_____

Ü Löse folgende Wörterrätsel mithilfe der fett gedruckten Wörter oben.

Wenn mir etwas besonders gut gefällt, dann bin ich davon

_____ .

Ein Fremdwort für „Zeichen" heißt:

_____ .

Die Art und Weise, wie ich etwas tue, ist meine

_____ .

Ein Star, der in vielen Ländern bekannt ist, ist ein

_____ Star.

Wenn ich versuche, möglichst viel Gewinn zu machen, bin ich auf

_____ aus.

Lange Vokale – Dehnung **25**

T 12 Regenwälder

Die **tropischen Regenwälder ziehen** sich **wie** eine breite Bauchbinde um unseren Erdball. Nördlich und **südlich** des **Äquators** bedecken **sie** eine Fläche, die **ungefähr** der **Größe** der USA entspricht. **Sie** sind der Lebensraum für etwa die Hälfte aller **Lebewesen** unserer Erde. Allein 30 Millionen **verschiedener** Insektenarten gibt es in den Regenwäldern. **Viele** sind noch nicht einmal **identifiziert** und haben noch keine **Namen**. Ein einziger Baum kann bis zu tausend **verschiedene** Arten beherbergen. **Unzählige** Pflanzen- und **Baumarten** bedecken den **Boden** und sorgen für ständiges Dämmerlicht.
Die tropischen Regenwälder werden in den letzten Jahren mit erschreckender Geschwindigkeit zerstört. In **zehn Minuten** verschwinden derzeit 500 Hektar **Tropenwald**. In einer Sekunde wird die Fläche von der **Größe** eines Fußballfeldes vernichtet.
Die Rodung der großen Urwaldbäume richtet im gesamten Wald große **Schäden** an. Wenn **die** Holzfäller erst einmal **Straßen** in den **Regenwald** gebaut haben, um die Stämme **abzutransportieren**, so rücken auch **die Siedler** nach und brennen den Rest des Waldes **nieder**. **Sie** versuchen(,) den **Regenwald** landwirtschaftlich zu nutzen; doch meist müssen **sie** nach **wenigen** Erntezeiten **weiterziehen**. **Die Böden** des **Regenwaldes** sind **nämlich** nur dann fruchtbar, wenn der **ökologische** Kreislauf intakt ist. Solange dichte Vegetation **den Boden** bedeckt, kleine **Lebewesen** ununterbrochen abgefallene Blätter und abgestorbene Äste zu neuem **Humus** verarbeiten, bleibt der **Boden** fruchtbar.

Wörter: 208

Notizen:

_____

Ü Welche der in dem Text oben fett gedruckten Wörter sind in dem Buchstabenquadrat waagerecht und senkrecht enthalten? Schreibe Sie heraus.

W	I	E	A	B	C	V	D	N	E	S
M	L	K	J	I	H	E	G	I	F	I
N	Q	R	S	T	Z	R	F	E	G	E
O	P	W	V	U	I	S	E	D	H	D
V	I	E	L	E	E	C	D	E	I	L
X	Y	A	C	B	H	H	B	R	J	E
D	U	T	S	R	E	I	Z	Y	K	R
U	V	W	G	Q	N	E	A	X	L	M
S	I	E	H	P	O	D	C	W	N	R
F	A	B	C	D	N	E	U	U	P	O
G	H	K	K	L	M	N	T	S	Q	R

_____

_____

_____

_____

_____

_____

Kurze Vokale – Schärfung

Konsonantenhäufung

 Folgen auf einen kurzen, betonten Vokal zwei oder mehr verschiedene Konsonanten, wird meist keiner verdoppelt.

BEISPIEL *Kind*
Künstler
wandern
bunt

Konsonantenverdopplung

 Folgt auf einen kurzen, betonten Vokal nur ein Konsonant, so wird dieser fast immer verdoppelt. Die Konsonantenverdopplung bleibt in der Regel in allen Wortformen erhalten.

BEISPIEL *Wanne*
können – sie konnten
schlimm – am schlimmsten
wenn

Die Laute k und z

 In deutschen Wörtern werden die Laute k und z nicht verdoppelt. Nach einem kurzen, betonten Vokal schreibt man fast immer ck und tz.

BEISPIEL *Lack, zucken, eckig*
Witz, kratzen, zuletzt

Die Laute k und z nach l, n, r

> **R** Nach den Konsonanten l, n, r stehen nie tz oder ck. Hier gibt es einen Merkvers: Nach l, n, r, das merke ja, steht nie tz und nie ck.

BEISPIEL *Walzer, Sturz, Arzt, würzen, stolz*
Tank, Winkel, Wolke, lenken, stark

Besonderheiten

1. In einigen Fremdwörtern werden die Laute k und z verdoppelt

BEISPIEL *Pizza, Skizze, Razzia*
Mokka, Akkusativ, Trekking

2. In vielen Wörtern mit einem k-Laut, die einer fremden Sprache entstammen, steht nach einem kurzen Vokal ein einfaches k.

BEISPIEL *Elektriker, Doktor, Takt, Insekt, Republik*

3. Einige einsilbige Wörter enthalten trotz kurzen, betonten Vokals keinen Doppelkonsonanten.

BEISPIEL *bis, um, man, an, ab, sie hat, ich bin, das, des, was*
Pop, Jet, fit, Bus, Hit, Slip

4. Auch einige mehrsilbige Wörter, die aus einer fremden Sprache stammen, enthalten trotz eines kurzen, betonten Vokals keinen doppelten Konsonanten.

BEISPIEL *Hotel, Kamera, Roboter, April, Ananas, City, Kapitel, Limit*

5. Einige Fremdwörter enthalten einen doppelten Konsonanten nach einem kurzen Vokal, der nicht betont ist.

BEISPIEL *Grammatik, Effekt, Fritteuse, Batterie, Konkurrenz, Ballon, Apparat, Kassette, Karussell, Fassade, passieren, Lotterie, Porzellan, raffiniert, Allee, Kannibale*

KURZDIKTATE

1 Die ersten Fahrräder

Das Fahrrad hat eine lange Geschichte. Schon 1780 gab es zwei Exemplare. Sie bestanden aus zwei Rädern, die an ein langes Holzbrett montiert waren, und einem Sattel. Sie wurden Roller genannt, weil man sich mit den Füßen abstieß. Die ersten Roller waren ziemlich unpraktisch. Sie hatten keine Lenkstange und konnten deshalb nur geradeaus fahren.

2 Immer schneller und bequemer

Die Grundform des Fahrrades ist seit fast zwei Jahrhunderten gleich geblieben. Aber unzählige Erfinder haben sich den Kopf zerbrochen, wie man dies und jenes noch verbessern könnte. Die wichtigste Neuerung war eine Tretkurbel, durch die mit einer Kette das Hinterrad angetrieben wird. Mit wenigen Umdrehungen der Pedale kann man nun große Strecken zurücklegen. Und mit einer Gangschaltung und geeigneten Reifen kann man sogar steile Wegstrecken überwinden.

3 Der königliche Vogel

Die alten Griechen glaubten, dass der Adler bei den Göttern im Himmel wohne. Die Ägypter stellten ihn an die erste Stelle der Hieroglyphen, zum Buchstaben A gewandelt kam er in unser Alphabet. Die Indianer verehren den Adler als Sinnbild des Lichtes und schmücken sich mit seinen Federn. Vielfach dient er als Wappentier, zum Beispiel für die Bundesrepublik Deutschland, und in aller Welt findet man ihn auf Münzen.

4 Der Regenbogen

Der Regenbogen ist in fast allen Kulturen ein Sinnbild für die Schöpfung. Er verbindet Himmel und Erde miteinander und fasziniert die Menschen immer wieder.

5 Katzenfutter statt Geldbombe erbeutet

Statt der erhofften Geldbombe mit der Tageseinnahme der Drogerie erbeutete ein Räuber in Bremen nur eine Dose Katzenfutter. Zwei Verkäuferinnen hatten sich abends mit dem Geld zum Nachttresor einer Bank aufgemacht. Als sie den Bankvorraum betraten, stürzte der Mann auf sie zu. Vor Schreck fiel ihr Korb samt Einkäufen und Geldbombe auf die Straße. Der Räuber griff in den Korb, fasste eine Dose und floh mit dem Katzenfutter.

6 Das andere Gesicht Afrikas

Wer an Afrika denkt, denkt vielleicht an unendliche Savannen mit wilden Tieren, an Abenteuer im Urwald und an Medizinmänner mit magischen Kräften. Das war einmal. Neben den Strohhütten der Dörfer ragen heute die Hochhäuser moderner Städte empor. Seit die Europäer im 15. Jahrhundert begannen(,) Afrika zu erobern, hat sich viel geändert, keineswegs immer zum Wohl der Afrikaner.

7 Arktis und Antarktis

Die kältesten Zonen auf unserem Planeten liegen am Nordpol und am Südpol. Man nennt sie auch Arktis und Antarktis. In diesen Gebieten steht die Sonne nie hoch am Himmel. An vielen Tagen geht sie nicht einmal auf. Unter der Eisschicht am Südpol verbirgt sich festes Land. Unter dem Nordpol dagegen liegt das Nordmeer, auf dem immer eine kilometerdicke Eisschicht schwimmt.

8 Trauung mit Hindernissen

Ein vergesslicher Bräutigam hat in Bückeburg einen Standesbeamten in Atem gehalten. Zu Beginn der Trauung fehlten die Ringe, die von einem Taxi aus Hannover gebracht werden sollten. Als Ersatz hatte der Bräutigam sicherheitshalber zwei Messingringe von einer Gardinenstange mitgebracht. Auch ein Trauzeuge fehlte. Deshalb heuerte der Bräutigam kurzfristig einen Taxifahrer an, den er zuvor in einen Nachbarort geschickt hatte, um noch schnell Sekt zu besorgen. Dann fiel dem Bräutigam ein, dass auch der Brautstrauß noch in einer Gärtnerei abgeholt werden musste. Ein zweites Mal schickte er den Taxifahrer los, der aber die Gärtnerei nicht fand. Dank eines geduldigen Standesbeamten konnte die Trauung dann über die Bühne gehen. Danach fiel dem Bräutigam ein, dass die Reisepässe und ein internationaler Führerschein für die Hochzeitsreise noch im Bückeburger Ordnungsamt lagen.

9 Nachwachsende Rohstoffe

Damit werden alle Pflanzen bezeichnet, aus denen der Mensch Rohstoffe wie Zucker oder Fasern gewinnt, zum Beispiel die Baumwolle. Viele Pflanzen können auch zur Energieproduktion verwendet werden. So wird zum Beispiel schon ein Kraftstoff aus Raps gewonnen. Auch die Wärmegewinnung aus der Verbrennung von Reststoffen wie Schilf, Stroh oder Holzabfällen ist wirtschaftlich rentabel, wenn der Preis der fossilen Brennstoffe (Erdöl, Erdgas, Kohle) um 20 Prozent steigt.

10 Pullover aus Plastik

Mit einer spektakulären Modeneuheit warten französische Anbieter auf: Pullover in drei verschiedenen Farben und in sechs Größen, deren Garn aus alten, aufgearbeiteten Plastikflaschen gewonnen wird. Ungefähr 27 gewöhnliche 1,5-Liter-Plastikflaschen sind nötig, um einen Pullover zu fertigen.

11 Stadt

Die statistische Definition der Stadt ist einfach: Jede Siedlung mit mehr als 2000 Einwohnern heißt Stadt. Moderne Städte sind immer sehr kompakt gebaut; ungefähr 3000 bis 5000 Bewohner leben hier auf einem Quadratkilometer zusammen. Fast alle Großstädte teilen sich in eine Stadtmitte (Zentrum) und mehrere Stadtviertel auf. Auf vielen Kontinenten ist die Stadt die beliebteste Siedlungsform. Schon heute wachsen viele Städte zu ganzen „Stadtlandschaften" zusammen; zum Beispiel das Ruhrgebiet.

12 Feuerwehr jagt Plastikschlange

Eine Plastikschlange hat in Darmstadt Polizei und Feuerwehr in Atem gehalten. In Schutzanzügen und mit speziellem Greifwerkzeug hatten Feuerwehrmänner das vermeintliche Reptil in einem Garten eingefangen und in einem Katzenkorb in den Darmstädter Zoo gebracht. Der dortige Schlangenexperte identifizierte das regungslose Tier als harmlose Ringelnatter. Zweifel an dieser Beurteilung kamen allerdings auf, als das angebliche Reptil vorsichtig herumgeschubst wurde und dabei die Aufschrift „Made in China" zum Vorschein kam.

13 Stalagmit

Fällt in einer Höhle ein Wassertropfen auf den Höhlenboden, dann bleibt an dieser Stelle ein Rest von dem Kalk liegen, der in dem Tropfen gelöst war. Der nächste Tropfen bewirkt denselben Vorgang(,) und allmählich wächst der Kalkstock immer höher. Er hat fast immer die Form einer spitzen Säule. Diese Ablagerungsform ist ein Stalagmit. Anders als der Stalaktit, der von oben nach unten wächst, ist er nicht hohl, sondern kompakt. Wenn er so hoch wird, dass er sich mit einem Stalaktiten berührt, dann bildet sich allmählich eine durchgehende Säule vom Boden bis zur Decke.

14 Hund schoss auf Mann

Ein polnischer Hobbyschütze, der eigentlich Schießübungen machen wollte, dann aber von seinem Hund eine Ladung Schrotkugeln verpasst bekam, wurde verletzt in ein Krankenhaus eingeliefert. Der Mann hatte die Flinte im Garten seines Hauses abgelegt und sich an die Aufstellung des Ziels gemacht, als der Hund an den Abzug der Waffe geriet und die Schüsse auslöste. In der Klinik mussten „Herrchen" rund 60 Schrotkugeln entfernt werden.

15 Was hilft gegen den Gestank von Stinktieren?

Stinktiere verspritzen ihre Stinkbrühe nur in höchster Gefahr. Sie zielen sehr genau. Ein Mensch, der vom Strahl getroffen wird, muss sich vor Übelkeit meist übergeben. Das scharfe Sekret brennt zudem auf der Haut. Das beste Mittel, den Gestank zu mildern, besteht darin, sich mit Tomatensaft einzureiben. Für die Kleider gibt es jedoch keine Rettung, sie müssen verbrannt werden.

16 Wolkenkratzer

Als gegen Ende des 19. Jahrhunderts der Stahlbeton erfunden wurde, erkannten die Architekten, dass sie nun viel höhere Häuser bauen konnten. Das war ein großer Vorteil für die überbevölkerten Städte. Dank der hohen Bauweise konnte man auf kleinen Grundstücken viele Menschen unterbringen. Die ersten Wolkenkratzer wurden in den amerikanischen Großstädten gebaut. Von vielen wurden sie als Symbole des Wohlstands betrachtet.

Kurze Vokale – Schärfung **31**

T13 Eine lebenswichtige Entdeckung

Ein englischer Arzt **entdeckte** 1928 **zufällig** ein **Medikament**, das **Millionen** von Leben **retten sollte**. Was war das?
Der Arzt Alexander Fleming betrieb Forschung an **Bakterien**. Er **kultivierte** sie in kleinen Glasgefäßen in seinem Laboratorium. Eines Tages nahm er den **Deckel** eines Gefäßes ab. Er **wollte** die **Bakterien** unter dem Mikroskop untersuchen. Doch was sah er? Ein **Pilz** hatte seine Kultur **befallen**. Fleming **wunderte** sich nicht **allzu** sehr. Die Luft **steckt voller Schimmelpilze**, es **wimmelt** sogar davon.
Aber **dann** sah Fleming sich die Sache ein **bisschen** genauer an. Im Umkreis des **Schimmels** gab es keine **Bakterien** mehr. Und darüber staunte er sehr.
Fleming konzentrierte sich auf den **Pilz** und **entdeckte**, dass das „Penicillium", so heißt der **Pilz**, einen **Stoff** enthielt, der **Bakterien** und damit auch Krankheitskeime zerstörte. Fleming **nannte** diesen **Stoff Penizillin**.
Flemings **Entdeckung** war ein **gewaltiger Fortschritt** für die Medizin. Das **Penizillin** ist eines der wichtigsten Medikamente. 1945 wurde Fleming dafür mit dem **Nobelpreis** für Medizin ausgezeichnet.

Wörter: 160

Notizen:
_____
_____

Ü Lies dir den Text noch einmal durch und schreibe anschließend aus dem Gedächtnis die richtigen Antworten hinter die Fragen. Es handelt sich nur um Wörter, die im Text fett gedruckt sind.

Was erforschte Fleming?
_____

Wie nennt man das Züchten von Bakterien?
_____

Welches Medikament erfand er dabei zufällig?
_____

Welchen Preis erhielt der Forscher?
_____

Kurze Vokale – Schärfung

T14 **Warum wird Giraffen nicht schwindelig?**

Bis zu **sechs** Meter hoch bewegt sich ein **Giraffenkopf** über dem Boden. Da **könnte man** vermuten, den Tieren würde leicht **schwindelig**. Nicht wegen der **Blicke** in die Tiefe, **denn** daran **sind** diese **Wolkenkratzer** der **Savanne** gewöhnt, **sondern** wegen des **Blutdrucks**. Das **Gehirn muss mit** genügend **Sauerstoff** versorgt werden, **damit** den Giraffen nicht schwarz vor Augen wird.

Doch die Natur **hat** vorgesorgt: Giraffen haben ein riesiges **Herz**, dreißigmal so groß wie ein Menschenherz, obwohl Giraffen nur zehnmal so schwer sind wie wir. Die Schlagadern der Giraffen sind **ebenfalls** viel **dicker als** beim **Menschen**, das Gewebe **rund um** die Adern ist viel **kräftiger**, weil der Blutdruck der Tiere sehr hoch ist. Schließlich **muss** das Blut sechs Meter hoch in den Kopf **gepumpt** werden.

Leider haben Giraffen eine sehr kleine **Lunge**, dreimal so klein wie eine Pferdelunge. **Wenn** sie in der Savanne fliehen **müssen**, erweisen sie sich als sehr kurzatmig. Bereits nach einem kurzen **Sprint** wird ihnen **dann** doch schwindelig, nämlich vor Erschöpfung.

Wörter: 164

Notizen:
_____
_____
_____

Ü Ergänze die folgenden Buchstaben.

kö..te

Bli..e

mu..

di..er

ebenfa..s

Sauersto..

Nachrichten im Fernsehen

T15

Nachrichten werden **immer** live ausgestrahlt. Das heißt, der Sprecher **sitzt** genau in dem **Augenblick** im Studio, in dem wir ihn auf dem Bildschirm sehen. Doch viele Teile der Nachrichtensendung sind vorher **fertiggestellt** worden.
Zum Beispiel **kann** ein Filmbeitrag aus einem anderen Erdteil schon Stunden vorher per **Satellit** übertragen und in der Sendeanstalt auf Band überspielt worden sein. Dieses Band wird während der Sendung „abgefahren". Auch Äußerungen von Politikern, Interviews und Beiträge über **kulturelle** oder sportliche **Ereignisse stammen** oft „aus der Konserve". Sie werden zum Beispiel am **Vormittag** für die Nachrichtensendung am Abend **aufgenommen**.
Gelegentlich **kommt** es vor, dass versehentlich ein falscher Beitrag eingespielt wird. Manchmal kündigt der Sprecher einen Filmbericht an, der nicht erscheint. **Dann** sieht man, wie er ratlos auf Anweisungen von der Regie wartet. Bei dem **Zeitdruck**, unter dem Nachrichtensendungen gemacht werden, ist es nicht verwunderlich, dass gelegentlich etwas schiefgeht.
Es gibt Nachrichtensprecher und Nachrichtenredakteure. Die Redakteure oder Redakteurinnen, also diejenigen, die den **Nachrichtentext verfassen**, sprechen ihn manchmal selbst.

Wörter: 166

Notizen:
___
___
___

Ü Trage in die folgenden Wörter die fehlenden Buchstaben ein. Es handelt sich nur um Wörter, die im Text oben fett gedruckt sind.

.a..ll.t   .er.i.g...ell.

..lt.r.ll.   ...en.l...

s..mm..   .e.t..u..

.er..ss..   s...t

Kurze Vokale – Schärfung

T16 Das Zeitalter des Erdöls

Wir leben im **Zeitalter des Kunststoffs**. Du hast sicher schon **gemerkt**, wie viele **Gegenstände** aus **Plastik** dich in deinem **Alltag umgeben**. Vom Jogurtbecher (Joghurtbecher) über die **Strumpfhose** bis zur **Videokassette** ist alles aus **Kunststoff**. Woher aber **stammt** dieses Material? Es wird aus Erdöl **hergestellt**.
Erdöl **hat** sich vor **Millionen** von Jahren im Meer **gebildet**. **Winzige abgestorbene** Meerestiere **sanken** auf den Meeresgrund und wurden von **Sand** und **Tonschlamm luftdicht abgeschlossen**. Im Laufe von **Jahrmillionen** lagerten sich **immer** neue Schichten ab. Dadurch stiegen der **Druck** und die **Temperatur**(,) und aus den **Mikroorganismen bildete** sich Erdöl.
Die **Menschen kennen** das Erdöl schon sehr **lange**. In der Bibel heißt es, Noah habe seine Arche von **innen** mit Pech bestrichen, um sie abzudichten. Dieses Material ist eine Art Erdöl, das an **manchen Stellen** an die Erdoberfläche **gelangt**.
Heute suchen die **Menschen überall dort** nach **Erdöllagerstätten**, wo die Erde einst vom Meer **bedeckt** war. Aber auch im Meer wird nach Öl gebohrt. Große **Erdölvorkommen** gibt es in den **Ländern rund** um den Persischen Golf.

Wörter: 172

Notizen:

_____

_____

Ü Löse das folgende Rätsel. Die passenden Wörter findest du in dem Text oben.

1. Wird vielfach durch eine DVD ersetzt: _____

2. Das Gegenteil von Sonntag ist _____

3. Eine sehr hohe Zahl: _____

4. Wir leben im Zeitalter des _____

5. Ort, an dem man das „schwarze Gold" findet:

_____

Nimm von 1 den 6. Buchstaben, von 2 den 1., von 3 den 7., von 4 den 3. und von 5 den 16. Buchstaben und du erhältst das Lösungswort.

Kurze Vokale – Schärfung 35

T₁₇ Leben in Rom

Während sich die griechischen **Stämme** noch **bekämpften**, wurde in Italien die **Stadt** Rom **immer** größer. Zur Zeit von Augustus, dem ersten römischen Kaiser, lebten dort bereits eine **Million Menschen**. Rom **herrschte** über ein riesiges Gebiet.
Das Forum war der zentrale Ort der **Stadt** und der **wichtigste** Ort für die Römer. Dort **befanden** sich zahlreiche Gebäude wie **Tempel**, **Triumphbögen** und so **genannte** Basiliken, wo **Geschäfte** getätigt wurden und **Gerichtsverhandlungen stattfanden**. Auf dem Forum wurden **politische** Reden **gehalten**(,) und dort **stimmte** das **Volk** über **Gesetze ab**.
Einen Teil des Tages **verbrachten** die wohlhabenden Römer in den **öffentlichen** Bädern, den Thermen. Dort badeten sie und trieben Sport. Der Besuch des Bades gehörte zu ihren **Lieblingsbeschäftigungen**, **denn** in den Häusern gab es in den höheren **Stockwerken** kein fließendes **Wasser**. **Man musste** es in großen Tonkrügen, den Amphoren, von den **Brunnen** holen.
Im Zirkus **fanden Schaukämpfe** und **Wettrennen statt**. Der **Eintritt** war frei(,) und die Zuschauer verspielten ihr **Geld** bei **Wetten**. Gladiatoren **kämpften** gegen Stiere, Löwen, **Panther (Panter)** und Tiger. Am grausamsten waren die Kämpfe der Gladiatoren gegeneinander.

Wörter: 173

Notizen:
_____
_____
_____

Ü Fülle die folgende Tabelle aus:

Wörter mit kurzem Vokal und Konsonantenverdoppelung	Wörter mit kurzem Vokal ohne Konsonantenverdoppelung
Stä*mm*e	bek**ä**mpften

Kurze Vokale – Schärfung

T18 **Warum erkennt man die eigene Stimme nicht?**

Wer einmal seine eigene **Stimme** auf **Band** gehört **hat**, ist meistens **enttäuscht** und verstört. Erstens **klingt** die Stimme vom Band sehr **fremd**. Zweitens hört sie sich sehr **dünn an** und **hinterlässt** einen **mickrigen** und **hässlichen Eindruck**. Die Stimmen **anderer** Leute dagegen **klingen** vom Tonband **völlig** normal.
Das liegt daran, **dass** wir eine **falsche Vorstellung** von **unserer** eigenen Stimme haben. Wir hören sie zwar **mit** unseren Ohren, aber nur ein Teil des **Schalls** erreicht die Ohren über die **Luft**. Die tieferen Töne in unserer Stimme hören die Ohren über den **Kopf**, weil sich diese Töne vom Kehlkopf über die **Hals-** und **Gesichtsmuskeln** und vor allem den Kiefer- und die Schädelknochen **direkt** zu den **Trommelfellen** ausbreiten.
Unser Ohr **folgert** aus diesen tiefen Tönen, dass unsere Stimme eine große **Klangfülle** hat. Die anderen Menschen hören unsere Stimme jedoch ohne diese tiefen **Frequenzen**. Sie hören unsere Stimme so, wie sie vom Band **kommt. Das** heißt nicht, **dass unsere** Stimme **dünner** ist **als** die anderer Menschen. Anderen ergeht es beim Abhören ihrer Tonbandstimme genauso wie uns.

Wörter: 178

Notizen:
_____

Ü In diesem Buchstabenrechteck sind neun der fett gedruckten Wörter versteckt. Schreibe sie heraus.

K	L	F	H	Ä	S	S	L	I	C	H
H	J	Ö	M	U	S	K	E	L	D	R
K	L	A	N	G	J	G	F	D	W	Y
S	D	F	R	G	H	J	K	O	L	P
H	I	N	T	E	R	L	Ä	S	S	T
Ö	L	K	I	J	U	H	L	L	I	G
Ö	B	Ö	F	F	T	F	K	F	O	B
O	A	G	R	V	D	Ü	G	X	V	X
Ä	N	R	E	E	Ü	L	W	A	L	S
K	D	F	M	D	N	L	A	L	S	Y
G	S	C	D	C	N	E	F	J	Ä	U

Kurze Vokale – Schärfung **37**

T₁₉ Verpackungen

Wenn du einer Freundin oder einem Freund Süßigkeiten **schenkst**, **dann** bezahlst du möglicherweise mehr für die **hübsche Verpackung als** für die Pralinen oder Bonbons. **Rund** 50 Prozent unseres **Hausmülls** bestehen aus **Verpackungen: Plastik**, Glas, Papier, Kartons und Dosen.
Die Natur **stattet** ihre **Früchte von** sich aus mit „**Verpackungen**" aus. Orangen, Bananen, Äpfel, **Nüsse** und Gemüse haben ihre eigenen Schalen. **Trotzdem** verbrauchen wir Menschen **Millionen** von Bäumen, um diese Früchte noch einmal **einzupacken**. **Fast alle** diese vergeudeten **Rohstoffe** enden in unseren **überfüllten Mülldeponien**. Es ist heute **fast** unmöglich, eine Ware ohne **Verpackung** zu kaufen; viele **Verpackungen** sind bis heute nicht biologisch abbaubar und auch nicht wiederverwertbar.
Zahnbürsten stecken in **Plastikröhrchen, Zahnpasta** in **aufwendigen (aufwändigen) Spendern** aus **Plastik**, Elektronikgeräte sind von mehreren Schichten Styropor umgeben, **alles** ist **verpackt**, eingeschweißt, **abgefüllt**.
Auch die **Plastiktüten**, die wir in jedem Laden und Kaufhaus **bekommen**, um den Einkauf nach Hause zu tragen, gehören zu diesen vergeudeten **Verpackungen**.
Es gibt erst zaghafte **Ansätze**, diese enormen **Plastikberge** zu reduzieren. Manche Supermärkte bieten **Stoff- und Papiertaschen** an. In einigen Supermärkten gibt es überhaupt keine **Plastiktüten** mehr.

Wörter: 178

Notizen:

_____
_____
_____

Ü Trage in die folgenden Wörter die fehlenden Buchstaben ein. Es handelt sich nur um Wörter, die im Text oben fett gedruckt sind.

..s.tz.   R..s..ff.

..r..ck.n..n   ..ll....n

s..ck..   .b..f.ll.

.r.tz.e.   ..ll...o..e.

Kurze Vokale – Schärfung

T₂₀ Eisschnellläufer

Eisschnellläufer (Eisschnell-Läufer) sind die **schnellsten Menschen**, die sich ohne Räder oder Fahrzeuge auf ebener Erde dahinbewegen. Sie sausen auf **Kurzstrecken mit** einer **Geschwindigkeit** von 50 **Stundenkilometern** über das **Eis**. **Radrennfahrer** sind da nicht viel **schneller**. Eisläufer **können praktisch** ihre ganze **Körperkraft** in Bewegungsenergie **umsetzen**.

Das Geheimnis der Eisschnellläufer ist die Kufe. Bei der Fahrt übers Eis wird hoher **Druck** erzeugt. Es **drückt** ja das Gewicht eines **ganzen** Menschen mit der kleinen **Fläche** der Kufe aufs Eis. Der Druck erhöht die **Temperatur** des Eises(,) und ein **hauchdünner Film** aus **Schmelzwasser** entsteht. Der Läufer gleitet also über **Wasser**, das **hinter** ihm sofort wieder friert. Durch diese Art des Gleitens gibt es **praktisch** keine Reibung. Auf **Schlittschuhen** rutscht man „reibungslos" **dahin**.

Je schneller ein Eisläufer unterwegs ist, desto größer wird der Luftwiderstand(,) und desto mehr **Kraft** braucht der Sportler, um sein **Tempo** zu **halten**. Die **Grenze** liegt bei **etwa** 50 Stundenkilometern. Bei höherem Tempo **bremst** die **Luft** zu stark. Um den Luftwiderstand möglichst **gering** zu halten, tragen Eisschnellläufer hauteng anliegende Kleidung und auf dem **Kopf** eine Haube, die aussieht wie ein **Mittelding** zwischen Badehaube und Kapuze.

Wörter: 183

Notizen:
_____
_____
_____

Ü Schreibe sechs der fett gedruckten Wörter heraus, bei denen der Konsonant nach dem kurzen Vokal verdoppelt wird.

_____
_____
_____

T21 Warum sollte man Chinesen nicht ärgern?

Soldaten dürfen auf **Brücken** nicht im **Gleichschritt** marschieren, weil sie durch ihren rhythmischen **Schritt** die Brücke **zum Schwingen** und sogar zum Einstürzen **bringen können**. Genau die gleiche Möglichkeit besteht aber auch für die **ganze** Erde. Auch sie **lässt** sich durch rhythmische **Sprünge** in **Schwingungen versetzen**.

Wenn alle 1,1 **Milliarden** Chinesen gleichzeitig von zwei Meter hohen **Plattformen springen** würden, **dann könnten** sie eine ungeheure **Schockwelle am** Boden erzeugen. Diese **Welle** würde von China aus einmal um die **ganze** Erde laufen, **bis** sie nach **knapp** einer **Stunde** wieder an ihrem **Ausgangspunkt ankommt. In** diesem Moment **müssten die** Chinesen erneut springen, **um** die Schockwelle zu verstärken.

Der erste **Sprung** der Chinesen würde ein relativ leichtes Erdbeben auslösen. Springen die Chinesen jedoch im **Stundentakt, dann** würden die Schockwellen verstärkt(,) und es käme überall zu verheerenden Erdbeben und **gewaltigen Springfluten**.

Die anderen Nationen **könnten** sich nur dadurch **schützen**, indem sie im Gegentakt selber springen. Dadurch könnten sie die ankommende Schockwelle **dämpfen**.

Um den gleichen **Effekt** wie die 1,1 Milliarden Chinesen zu erzielen, **müssten** die zahlenmäßig unterlegenen Europäer **allerdings** aus etwa vier Metern Höhe springen.

Wörter: 184

Notizen:

_____

Ü Suche fünf der fett gedruckten Wörter heraus, bei denen nach dem kurzen Vokal zwei verschiedene Konsonanten folgen und der erste Konsonant nicht verdoppelt wird (Beispiel: schwi<u>ng</u>en).

_____

_____

_____

Ü Zeichne für das Wort „Effekt" den Wortumriss und trage dann die Buchstaben ein.

_____

Kurze Vokale – Schärfung

T22 Die Gefahren des Rauchens

Die Gefahren von **Zigarettenrauch** für Raucher **sind** inzwischen **allgemein bekannt**. Rauchen **kann** zu **Lungenkrebs** führen, **Herzkrankheiten** auslösen und Durchblutungsstörungen **bewirken**. Rauchen schadet ungeborenen **Kindern**, **denn** es **behindert** das Wachstum im **Mutterleib**. Rauchen **setzt** außerdem die Widerstandskraft gegen **Krankheiten** herab.
Raucher **kennen** diese **Argumente**, doch sie rauchen **trotzdem** weiter, weil sie **abhängig** vom blauen **Dunst** sind. Rauchen ist nämlich eine Sucht. Raucher werden von **Zigaretten-**, Pfeifen- und **Zigarrenrauch** angeregt und beruhigt zugleich. Eine wichtige **Rolle** spielt auch das **Nuckeln** an den jeweiligen **Glimmstängeln**.
Ein Nichtraucher wird solche **Abhängigkeit** von **Zigaretten** schwer **nachvollziehen können**. **Deshalb** ärgern sich Nichtraucher häufig über Raucher. Nicht zu **Unrecht**, **denn** sie werden **gezwungen**(,) den Rauch **ebenfalls** einzuatmen. Du **kennst** das vielleicht von Partys, Kneipen oder rauchenden Familienmitgliedern.
Ein großer Teil des **Tabaks** wird in Ländern der **Dritten Welt** angebaut, und zwar auf einem Boden, der **besser** dafür **genützt** würde, Menschen mit Nahrung zu versorgen.
Tabak ist eine teure **Pflanze**. Sie entzieht dem Boden viele Mineralstoffe. 12 000 Quadratkilometer **Wald** werden pro Jahr **allein** für den **Tabakanbau abgeholzt**.
Wenn du nicht rauchst, **dann kannst** du der Erde und deiner **Gesundheit helfen**.

Wörter: 186

Notizen:
_____

Ü Bei den folgenden Wörtern sind die Buchstaben durcheinandergeraten. Bringe sie in die richtige Reihenfolge und schreibe die Wörter auf. Es handelt sich nur um solche Wörter, die in dem Text oben fett gedruckt sind.

netiehkzreHrank: _____

ePzfnal: _____

nekrwebi: _____

nabuabaTak: _____

ütnegtz: _____

omedzttr: _____

Dtsnu: _____

Kurze Vokale – Schärfung

T23 Was sind die Menschenrechte?

Schon vor über 2000 Jahren lehrten griechische **Denker, dass** jeder **Mensch von Geburt an bestimmte Rechte hat**, einfach **deshalb**, weil er ein Mensch **ist**. Dies **sind** die Menschenrechte. Die Rechte werden nicht von einem Staat verliehen, **sondern** der Mensch **besitzt** sie von Natur aus. Man **nennt** sie **deshalb** auch Naturrechte.
Zu diesen Rechten gehört **zum** Beispiel, **dass** jeder Mensch in Wort und **Schrift** frei und ungestraft seine Meinung äußern **darf**. Er darf **unbehindert** seinen Glauben ausüben. Er hat das Recht auf **körperliche** Unversehrtheit, **das** bedeutet, **dass** er nicht **gefoltert**, geschlagen oder **misshandelt** werden darf. Dies darf weder als Strafe noch zum **Erzwingen** einer Meinungsänderung oder eines **Geständnisses** geschehen.
Ein **ganz wichtiges** Recht ist die Gleichheit. Alle Menschen sind vor dem Gesetz gleich. Niemand darf wegen seiner **politischen** Überzeugung, seiner **Religion** oder seiner **Hautfarbe**, seiner Sprache, seines Geschlechts oder seiner **Herkunft** bevorzugt oder benachteiligt werden. Es darf keine **Sondergesetze** geben, die nur für Weiße, nur für **Männer** oder nur für Reiche **gelten**.
Die Menschenrechte sind **unantastbar**. Das heißt, niemand darf sie einem Menschen nehmen, **denn** die Menschenrechte gelten **immer** und für jeden, auch für den **schlimmsten Verbrecher**.

Wörter: 191

Notizen:
_____
_____

Ü Ergänze in den folgenden Sätzen die fehlenden Wörter.

Schon vor über 2000 Jahren lehrten griechische

_____, _____ jeder _____ von Geburt an

_____ Rechte hat, einfach _____, weil er ein

Mensch ist.

Jeder Mensch hat das Recht auf _____ Unversehrt-

heit, _____ bedeutet, _____ er nicht _____,

geschlagen oder _____ werden darf.

Kurze Vokale – Schärfung

T24 American Football

American Football heißt zwar **übersetzt Fußball**, ist aber ein **völlig anderer** Sport **als unser** gewohnter Fußball. Der **Ball ist** nicht **rund, sondern** oval mit zwei **Spitzen**. Er **kann** getreten werden, wird aber meistens mit den **Händen geworfen** und über **das Spielfeld** getragen. Dabei **werfen** sich die Spieler der einen **Mannschaft** den Ball gegenseitig zu **und** versuchen(,) die Verteidigungslinien des Gegners zu durchbrechen. Der Spieler, der den Ball **hält**, versucht(,) eine **Lücke** zu finden. Seine **Mannschaftskameraden blocken** den gegnerischen Spieler nach **Leibeskräften ab**. Dabei geht es sehr **hart** zu. **Rempeleien gelten** nicht als Fouls, **sondern** machen den Reiz des Spiels aus. Die Spieler sind vor **Verletzungen** durch **Polster** und **Helme geschützt** wie Eishockeyspieler.
Ziel ist es, den Ball auf irgendeine Weise vom eigenen Tor in die **Endzone** auf der gegnerischen **Hälfte** des Spielfeldes zu **schaffen**. Eine Mannschaft **punktet, wenn** sie den Ball in der gegnerischen Endzone **unterbringt** oder ins gegnerische Tor schießt. Auch das Tor sieht **ganz anders** aus als **unser** Fußballtor. Zwei lange **Stangen** bilden die Pfosten(,) und in drei Metern Höhe liegt eine **Querlatte**. Der Ball **muss** oberhalb der Querlatte **zwischen** den beiden **senkrechten Pfosten durchgeschossen** werden. **Deshalb** gibt es beim American Football auch keinen Torwart.

Wörter: 199

Notizen:

Ü In diesem Buchstabenrechteck sind dreizehn der fett gedruckten Wörter versteckt. Zeichne einen Rahmen um das jeweilige Wort.

Q	W	A	S	D	F	B	G	B	L	O	C	K	E	N
S	R	H	G	U	Z	G	J	K	Ö	L	Z	T	R	N
H	U	S	A	H	Ä	L	F	T	E	Y	N	H	G	F
L	N	K	M	A	N	N	S	C	H	A	F	T	H	G
S	D	C	E	L	K	Ö	L	P	U	Z	G	F	E	M
A	E	D	F	G	N	K	L	Ö	Ä	L	B	G	T	U
N	G	H	J	K	L	Ö	S	A	D	Ü	F	J	H	S
A	D	F	K	L	Ö	Ä	T	V	G	C	L	I	H	S
G	F	K	O	L	P	Ö	A	S	D	K	F	D	H	J
G	E	L	T	E	N	H	N	K	G	E	I	F	G	H
H	I	L	Ö	Ä	U	G	G	F	E	R	N	D	H	D
Y	D	G	A	N	Z	D	E	R	T	Z	D	U	E	J
F	H	U	I	O	L	Ö	Ä	G	D	V	E	B	L	Z
S	C	H	A	F	F	E	N	Q	E	R	N	R	M	U
V	D	G	P	O	L	S	T	E	R	H	U	I	E	H

s-Laute

R Bei den s-Lauten unterscheidet man den stimmhaften, gesummten s-Laut und den stimmlosen, gezischten s-Laut. Wenn man deutlich spricht, kann man die unterschiedlichen Laute heraushören.

BEISPIEL *stimmhaft:* Rose, Gräser, rasen, böse
stimmlos: Gas, Tasse, Fluss, sie gießt, er liest

Mit einfachem s geschrieben

R Der stimmhafte, gesummte s-Laut wird immer mit einfachem s geschrieben.

BEISPIEL Vase
losen
glasig

R Am Wortende oder vor einem Konsonanten wird der stimmhafte s-Laut manchmal zu einem stimmlosen s-Laut. Er wird trotzdem mit einfachem s geschrieben, weil es verwandte Wörter mit stimmhaftem s-Laut gibt.

BEISPIEL lesen   – er liest
Gräser   – Gras
böse   – böswillig

Mit ss geschrieben

R Nach einem kurzen, betonten Vokal wird der stimmlose s-Laut meist ss geschrieben.

BEISPIEL Kasse
Fluss
lassen
ihr lasst
flüssig

Mit ß geschrieben

R Nach einem langen Vokal oder nach einem Doppellaut (Diphthong) wird der stimmlose s-Laut ß geschrieben, wenn es keine verwandten Wörter gibt, die mit s geschrieben werden.

BEISPIEL
Straße
fließen
er zerreißt
groß

Besonderheiten

R Manchmal ändert sich die Vokallänge, wenn ein Wort seine Form ändert. Dann ändert sich entsprechend den Regeln oben auch die Schreibweise.

BEISPIEL
gießen – gegossen
fließen – Fluss

R Wörter mit der Endung *-nis* werden im Singular (Einzahl) immer mit einfachem s geschrieben. Im Plural (Mehrzahl) steht jedoch ss. Das gilt auch für einige Wörter mit den Endungen *-as* und *-us*.

BEISPIEL
das Erzeugnis   – die Erzeugnisse
der Krokus   – die Krokusse
der Atlas   – die Atlasse, die Atlanten

R In den Buchstabenverbindungen st, sk und sp wird immer nur ein einfaches s geschrieben.

BEISPIEL
fasten
du bist
Muskel
maskieren
Knospe
raspeln

R Die Schreibweise einiger Wörter mit einfachem s kann nicht durch Regeln erklärt werden. Es handelt sich um Merkwörter, die jedoch meist keine Schwierigkeiten bereiten.

BEISPIEL das (Haus), was, aus, heraus, ins, bis, es, los, bereits, vergebens, morgens, abends, aufwärts, abwärts, Reis, Mais, meistens, fast (beinahe)

Das oder dass

Artikel und Pronomen

R Der Artikel und das Pronomen *das* werden immer mit einfachem s geschrieben. Im Satzzusammenhang können sie durch *dieses, welches* oder *jenes* ersetzt werden.

BEISPIEL
Artikel: *Das Haus wird verkauft. – Jenes Haus ...*
Demonstrativpronomen: *Das hab ich nicht gewusst. – Dieses hab ich ...*
Relativpronomen: *Ein Auto, das langsam fährt, verbraucht weniger Benzin. – Ein Auto, welches langsam ...*

Konjunktion

R Die Konjunktionen *dass* oder *sodass* (auch: *so dass*) leiten einen Nebensatz/Gliedsatz ein und werden immer mit ss geschrieben.

BEISPIEL *Ich wundere mich, dass es funktioniert.*
           Hauptsatz   Nebensatz/Gliedsatz
Er las sehr viel, sodass (so dass) er ein großes Allgemeinwissen besaß.
           Hauptsatz   Nebensatz/Gliedsatz

KURZDIKTATE

1 Mit dem Rad zu Fuß

Die ersten brauchbaren Fahrräder waren Laufräder. Sie hatten noch keine Pedale. Man musste sich abwechselnd mit dem rechten und linken Fuß vom Boden abstoßen. Das wirklich Neue an dieser Erfindung war das lenkbare Vorderrad. Obwohl man mit dieser Laufmaschine schon recht schnell vorankam, gab es an ihr noch eine Menge zu verbessern.

2 Tolle Tage

Extra für die Karnevalszeit werden in einigen Städten jedes Jahr ein Prinz und eine Prinzessin gewählt. Von einem prächtig geschmückten Wagen aus wirft das Paar den Zuschauern am Straßenrand Bonbons, Blumen und Konfetti zu. Außerdem wird in manchen Orten auch jedes Jahr ein Kinderprinzenpaar gewählt.

3 Schätze im Nomadenzelt

Weite Gebiete im heißen Orient bestehen aus Steppe und Wüste. Viele Araber waren Nomaden; sie schlugen ihre Zelte dort auf, wo der Boden genug Grün für die Viehherden zum Fressen bot. Die Zelte waren äußerst schlicht, aber innen prachtvoll ausgestattet: mit kostbaren Teppichen und wertvollen, geschnitzten Truhen. Tische und Stühle waren unbekannt. Das Essen wurde auf großen Tabletts hereingetragen.

4 Vom Essen und Trinken

Wer zu viel isst, wird bald zu dick, wer zu wenig zu essen bekommt, der muss verhungern, und wer nichts zu trinken hat, ist bald verdurstet. Für einen Schiffbrüchigen ist das Trinken noch wichtiger als das Essen; denn für das Essen hat unser Körper Vorräte angelegt, zum Beispiel Fettpolster. Für das Trinken aber können wir keinen großen Vorrat anlegen, wie das die Kamele tun. Nur so können sie weite Wege durch die Wüste überstehen. Wir müssen essen und trinken, weil wir wachsen und weil unser Körper Energie braucht.

5 Die Kunst, Gold zu machen

Im Mittelalter ließ jeder Landesfürst seine eigenen Goldmünzen prägen(,) und davon konnte er natürlich nicht genug bekommen. Aber Gold war äußerst knapp. Deshalb arbeiteten an vielen Höfen Alchimisten, die ein Rezept finden sollten, mit dem sich Gold künstlich herstellen lässt. In ihren Labors verschmolzen sie Metalle miteinander und versuchten(,) sie mit Hilfe (mithilfe) von Chemikalien in Gold umzuwandeln. Dabei wurde zwar das Rezept für Porzellan entdeckt, Gold aber lässt sich nicht künstlich herstellen. Das weiß man heute.

6 Gold gegen Geldscheine

Für Gold konnte man im Mittelalter fast jede Ware eintauschen, es wurde zum Tauschmittel und Wertmaßstab. Da größere Mengen Gold sich kaum transportieren ließen, baute man Schatzhäuser, in denen die Besitzer ihr Gold lagern konnten.

Dafür bekamen sie ein Papier, auf dem der Wert des hinterlegten Goldes verzeichnet war. Das war das erste Papiergeld. Jeder, der diese Scheine besaß, konnte das Papier irgendwann in Gold zurücktauschen.

7 Geheimnisvolle Fabeltiere

Früher hat niemand daran gezweifelt, dass es sie tatsächlich gibt, jene geheimnisvollen Tiere, von denen Märchen und Legenden erzählen. Ihre erstaunlichen Fähigkeiten haben den Menschen zahlreiche Abenteuer beschert. In Reiseberichten aus fernen Ländern liest man davon und kann sogar Bilder dieser fabelhaften Wesen betrachten. Die Rede ist von großen Drachen und Lindwürmern, von geflügelten Schlangen, Wundervögeln und Einhörnern. Ist es wirklich wahr, dass diese einzigartigen Tiere nie gelebt haben? Wer weiß, vielleicht leben sie doch noch irgendwo auf der Welt. Gewiss aber existieren sie weiter im Reich der Fantasie (Phantasie).

8 Robben und Walrosse

In den Polargebieten leben die Robben und Walrosse. Sie fressen Fische und andere Meerestiere. Um sie zu fangen, müssen sie ins kalte Wasser. Robben und Walrosse haben nicht so ein dichtes Fell wie Eisbären, aber sie frieren trotzdem nicht. Diese Tiere haben nämlich unter ihrer Haut eine besonders dicke Speckschicht.

9 Warum verlieren Haie so leicht ihre Zähne?

Die großen Hochseehaie töten ihre Beute, indem sie ihre messerscharfen Zähne in den Leib des Opfers schlagen, das Beutetier schütteln und dann große Brocken aus dem Körper reißen. Angesichts der Wucht, mit der diese Tiere ans Werk gehen, ist es kein Wunder, dass sich die Zähne leicht lockern. Anstatt die Zähne fest zu verwurzeln, wie dies beispielsweise bei räuberischen Säugetieren der Fall ist, lassen die Haie verbrauchte Zähne ausfallen. Hinter den vorderen Zahnreihen sitzen bereits weitere Zähne, die sich vorwärtsschieben und die verbrauchten Zähne ersetzen.

10 Welche Schnecke baut sich eine Burg?

Die fingergroßen Napfschnecken leben auf dem Meeresboden, wo sie tagsüber auf ihrem Stammplatz ruhen. Dieser Stammplatz ist kein beliebiger Fleck, sondern eine Art Unterwasserburg, die sich die Schnecke gebaut hat. Baumaterialien sind eigene Körpersäfte, die sich im Wasser verfestigen.

11 Galaxis

So nennt man eine große Familie von Sternen, Sternsystemen oder Planetensystemen, die sich zusammen durch das Universum bewegen. Eine der größten Galaxien ist die Milchstraße, zu der auch das Sonnensystem gehört.

12 Flusssystem (Fluss-System)

Einen Fluss mit allen seinen Nebenflüssen nennt man ein Flusssystem (Fluss-System). Die gesamte Fläche eines Flusssystems (Fluss-Systems) wird als Einzugsgebiet des Hauptflusses bezeichnet.

13 Fossilien

Fossilien sind Versteinerungen von Tieren und Pflanzen aus den frühesten Zeiten der Erde. Da man heute ziemlich genau weiß, wann und wie solche Pflanzen und Tiere gelebt haben, sind Fossilien für den Wissenschaftler sehr lehrreich. Ein Fossil verrät ihm, wie alt das Gestein ist, in dem er das Fossil gefunden hat.

14 Eis

Eis nennt man den gefrorenen, also festen Zustand des Wassers. Im Eis, zum Beispiel in Gletschern, Eisbergen und im Permafrost, aber auch im Schnee sind etwa 70 Prozent aller Süßwasservorräte der Erde gebunden.

15 Eisgang

Unter Eisgang versteht man das Wegschwimmen der aufgebrochenen Eisdecke als Treibeis, wenn im Frühling das Eis auf einem Fluss aufzutauen beginnt.

16 Salzsee

In vielen trockenen Gebieten hat ein See oft einen Zufluss, aber keinen Abfluss. Das Wasser verdunstet(,) und das Salz im Restwasser wird immer mehr. Das Flusswasser führt wenig, aber fortwährend neues Salz herbei(,) und so wird aus einem Süßwassersee allmählich ein Salzsee. Der bekannteste Salzsee ist das Tote Meer. Es hat einen Salzgehalt von 28 Prozent, sodass (so dass) ein Schwimmer oben auf dem Wasser treibt, ohne unterzugehen.

17 Woher kommt die Kartoffel?

Weißt du, dass die Indianer Südamerikas die Ersten waren, die die Kartoffel angepflanzt haben? Die spanischen Eroberer haben Kartoffelpflanzen erst Ende des 16. Jahrhunderts mit nach Europa gebracht.

18 Leckeres Gift

Der Knollenblätterpilz ist äußerst giftig. Ein einziger Pilz reicht aus(,) eine ganze Familie zu vergiften. Für einen Hasen jedoch ist er gut bekömmlich. Das kommt daher, dass Menschen und Tiere auf giftige Substanzen unterschiedlich reagieren. Was für die einen essbar ist, kann für die anderen tödlich sein.

19 Kaktusgewächse voller Vögel

Hast du gewusst, dass es Kaktusgewächse gibt, die so groß werden wie Bäume und von Vögeln sogar zum Nisten benutzt werden? Der Riesenkaktus kann 20 Meter hoch werden, nicht gerade die ideale Zimmerpflanze.

20 Keine feste Größe

Ist dir klar, dass du jeden Abend zwei Zentimeter kleiner bist als am Morgen? Damit deine Wirbelsäule gegen Stöße besser abgefedert ist, sind zwischen den einzelnen Wirbeln nämlich Scheiben aus knorpeliger Masse. Da diese Scheiben elastisch sind, sacken sie im Lauf des Tages zusammen und werden dünner.

21 Der Anti-Schnupfenkuss

Es ist noch gar nicht so lange her, nämlich im Jahr 1940, dass ein amerikanischer Arzt behauptete, ein intensiver Kuss erzeuge so viel Hitze, dass die Schnupfenbazillen dadurch abgetötet würden. So ein Familien-Hausmittel hätten wohl alle gern im Haus. Das Ergebnis dürfte jedoch enttäuschend sein.

22 Mäusezähne

Die Zähne des Menschen sind im Lauf der Jahrtausende immer kleiner geworden. Das geht aus Forschungsarbeiten hervor, in denen unser heutiges Gebiss mit dem unserer Vorfahren aus verschiedenen Epochen verglichen wurde.
Der prähistorische Mensch hat rohes Fleisch gegessen und brauchte daher kräftige und lange Zähne. Als der Mensch dann das Feuer entdeckt hatte und gegartes – also weniger hartes – Fleisch aß, mussten die Zähne nicht mehr ganz so kräftig sein. Heutzutage sind unsere Zähne doppelt so klein wie die des prähistorischen Menschen. Die Wissenschaftler glauben, dass der Mensch in ein paar Jahrtausenden nur noch Mäusezähne haben wird.

23 Was ist ein Säugetier?

Säugetiere gehören zu den Wirbeltieren. Mit Ausnahme des Schnabeltieres legen sie keine Eier. Die Weibchen tragen die Jungen bis zur Geburt in ihrem Bauch. Weil sie sich noch nicht selbstständig ernähren können, werden sie von der Mutter nach der Geburt mit Milch versorgt. Die meisten Säugetiere leben an Land. Es gibt aber auch Arten wie Delfine (Delphine) und die Wale, die im Wasser leben.

24 Was versteht man unter klassischer Musik?

So nennt man die Musik, die von den großen europäischen Komponisten wie Bach, Mozart, Beethoven, Chopin und Wagner komponiert wurde. Im 18. Jahrhundert wurden sehr viele neue Instrumente wie die Geige, das Klavier und Blechblasinstrumente eingeführt.

25 Warum gibt es kaum noch Zirkusse?

In vielen Städten gibt es keine großen Plätze mehr, die für einen Zirkus ausreichen würden. Es gibt nur noch wenige große Zirkusunternehmen in der Welt: Zirkus Krone in Deutschland, Zirkus Gruss in Frankreich, Zirkus Barnum in den USA, den Russischen Staatszirkus aus Moskau. Daneben gibt es noch einige kleinere Familienbetriebe.

26 Wie funktioniert ein Fotoapparat?

Ein Fotoapparat besteht aus einem Kameragehäuse mit einer Öffnung, dem Objektiv. Die Größe der Öffnung kann mit einer Blende verändert werden. Öffnet man den Verschluss, gelangt Licht ins Innere der Kamera und belichtet den Film. Das Bild, das wir durch den Sucher sehen, wird auf dem Film abgebildet.

s-Laute

T25 „Gespräch" unter Pflanzen?

Amerikanische **Wissenschaftler** haben beobachtet, **dass** Bäume auf eine **interessante** Art miteinander kommunizieren können. Wie machen **sie das**? Kommunizieren **heißt**: sich miteinander verständigen. **Das** können auch Pflanzen. Amerikanische Biologen haben **das festgestellt, als sie** schädliche Raupen auf die Blätter einer Weide setzten. Die Weide verteidigte **sich** gegen die Raupen, indem **sie** die chemische Zusammensetzung ihrer Blätter veränderte. Auf **diese** Weise **sind** ihre Blätter für die Raupen nicht mehr **genießbar**.

Das ist nichts **Besonderes**. Pflanzen besitzen mehrere Möglichkeiten, **sich** vor schädlichen **Insekten** zu schützen. Doch die Biologen entdeckten gleichzeitig, **dass** die benachbarten Weiden ebenfalls für die Raupen nicht mehr **genießbar** waren. Dabei waren **sie** gar nicht befallen worden.

Daraus **lässt** sich **schließen, dass** die Weide die Nachbarbäume gewarnt hat, indem **sie** ihnen eine Botschaft zukommen **ließ**. Dafür hat **sie** vermutlich einen Duftstoff benutzt, der **sich** in ihrer unmittelbaren Umgebung verbreitete und die anderen Bäume zu **dieser** Reaktion **veranlasste**. Mit einem **bewussten** Informationsaustausch wie beim Menschen hat **dieses** natürlich gar nichts zu tun.

Wörter: 163

Notizen:

___

Ü Trage jeweils vier der im Text fett gedruckten Wörter in die Spalten der Tabelle ein.

ss nach kurzem Vokal	ß nach langem Vokal oder Doppellaut

T26 Wasser

Wasser ist eine Flüssigkeit, die sich in **Eis** und in **Wasserdampf** verwandeln kann. Durch Zufuhr von Wärme wird **Wasser** zu einem **unsichtbaren Gas**, dem **Wasserdampf**. Die Moleküle des Wassers bekommen genug Energie, um **als Gas** zu entweichen. Man **sagt: Das Wasser ist verdunstet** oder verdampft.
Wenn die Temperatur unter 0 °C fällt, wird **Wasser** zu **Eis**. Die Moleküle **des Wassers verlangsamen** durch die Kälte ihre Bewegung und rücken zusammen. Sind sie langsam genug, erstarren **sie** zu einem **festen** Körper.
Wenn **Wasserdampf** abkühlt, **verflüssigt** er **sich**, er **kondensiert**. Es bilden **sich** winzige Tröpfchen, die **sich** zu **größeren** Tropfen vereinen. Das **Wasser** geht vom **gasförmigen** in den **flüssigen** Zustand über.
Wie alle Körper unterliegt auch **Wasser** der Schwerkraft. **Das Regenwasser** bildet Tümpel oder **sickert** in den Boden, um **als** Quelle wieder zum Vorschein zu kommen. **Das Wasser** mehrerer Quellen **sammelt sich** in den Tälern und **bildet Flüsse**, die **ins** Meer **fließen**. **Wasser** kann **große** Kräfte **freisetzen**. Wird die Bewegungsenergie von strömendem **Wasser** genutzt, kann man Turbinen antreiben und **somit** Strom erzeugen.

Wörter: 170

Notizen:
_____
_____
_____

Ü Schreibe möglichst viele Wörter aus der jeweiligen Wortfamilie auf.

Eis: _____

_____

Gas: _____

_____

Fluss: _____

_____

s-Laute

T₂₇ Das menschliche Gehirn

Das Gehirn eines Elefanten wiegt etwa fünfmal mehr als **das** eines Menschen. Bedeutet **das**, **dass** ein Elefant klüger ist als ein Mensch?
Natürlich nicht! Intelligenz **bemisst** sich nicht nach der **Größe** des Gehirns. Wenn **das** zuträfe, wären Männer klüger als Frauen, denn **das** Gehirn eines Mannes wiegt durchschnittlich 100 Gramm mehr als **das** einer Frau. **Wusstest** du, **dass das** Gehirn im Alter von 15 Jahren aufhört zu wachsen?
Das Gehirn ist ein sehr komplexes Organ. Es besteht aus zwei Teilen, Hemisphären genannt. Die linke Seite deines Gehirns steuert die rechte Seite deines Körpers. Entsprechend ist die rechte Seite des Gehirns für die linke Seite des Körpers zuständig.
Die unterschiedlichen Bereiche des Gehirns nehmen ganz verschiedene und **äußerst** differenzierte Aufgaben wahr. Es gibt zum Beispiel einen Bereich für die Bewegung der Hände, einen anderen für die der Arme oder **Füße**. Ein weiterer kontrolliert die Bewegung der Zunge, wieder ein anderer das Schmecken und Riechen.
Bei den **meisten** Menschen funktioniert eine Gehirnhälfte **besser** als die andere. Darum gibt es zum Beispiel Links- und Rechtshänder.

Wörter: 175

Notizen:
_____
_____

Ü Schreibe möglichst viele Wörter aus der jeweiligen Wortfamilie auf.

bemisst: _____
_____

Größe: _____
_____

Ü Welche Wörter musst du einsetzen können, wenn *das* mit einfachem s geschrieben wird?
_____

T28 Profiverträge im Spitzensport

Bei vielen Sportarten haben die Spitzensportler einen Vertrag mit ihrem Verein. **Das** gilt vor allem für Sportarten, bei denen Mannschaften gegeneinander antreten. **Professionelle Fußballspieler** sind bei ihren Vereinen für eine **gewisse** Zeit angestellt. Wenn ein anderer Klub einen bestimmten Spieler haben möchte, **muss** er an den Verein des Spielers eine **Ablösesumme** zahlen. **Das** Geld, oft Beträge in Millionenhöhe, **kassiert** nicht der Spieler, sondern der alte Verein. Er bekommt **es** dafür, **dass** er den Spieler ziehen **lässt**. Der Spieler erhält ein so genanntes Handgeld dafür, **dass** er dem Vereinswechsel, dem Transfer, zustimmt und einen Vertrag mit seinem neuen Verein eingeht.

Erfolgreiche Sportvereine, zum Beispiel die **Klubs** in der **Fußball**-Bundesliga, **müssen** wie **Wirtschaftsunternehmen** arbeiten und denken. Sie haben teure Spitzenspieler unter Vertrag, die viel Geld **kosten** und dafür sorgen sollen, **dass** die Mannschaft erfolgreich spielt. Ein Team, **das** oft siegt, zieht mehr Zuschauer an, die Eintrittsgelder zahlen. **Außerdem fließen** Werbeeinnahmen in die **Vereinskassen**. Unternehmen bezahlen sie dafür, **dass** für ihre Produkte geworben wird. **Schließlich kassieren** die Vereine auch Geld von den **Fernsehanstalten**, die Spiele und Wettkämpfe übertragen.

Wörter: 177

Notizen:
_____
_____

Ü Streiche das falsche Wort durch.

1. Das/Dass gilt vor allem für Sportarten, bei denen Mannschaften gegeneinander antreten.
2. Das/Dass Geld kassiert der Spieler.
3. Er bekommt es dafür, das/dass er den Spieler ziehen lässt.
4. Teure Spitzenspieler sorgen dafür, das/dass die Mannschaft erfolgreich spielt.
5. Ein Team, das/dass oft siegt, zieht mehr Zuschauer an.
6. Unternehmen bezahlen dafür, das/dass für ihre Produkte geworben wird.

s-Laute

T29 Die Bedeutung des Trinkens

Für die menschliche **Leistungsfähigkeit ist** der **Wasserhaushalt** von **größter** Bedeutung. Als **lebenswichtigstes** Nahrungsmittel **muss Wasser** täglich mit der Nahrung aufgenommen werden. **Wasser ist** der Hauptbestandteil **des** menschlichen Körpers. Je nach Lebensalter beträgt der **Wassergehalt 50–70** Prozent **des** Körpergewichts.
Mit zunehmendem Alter und Fettanteil sinkt der **Wasserbestand**. Je höher die **Stoffwechselleistung** einer **Muskelzelle ist**, desto höher **ist** ihr **Wassergehalt** und -bedarf.
Erwachsene sollten etwa zwei Liter **Flüssigkeit** täglich zu den in den **Speisen** enthaltenen **Flüssigkeiten** trinken.
Der **Wasserbedarf** unterliegt noch einer Vielzahl von Faktoren, die ihn extrem steigern können. Während Untrainierte pro Stunde etwa einen Liter **Schweiß** produzieren, können Trainierte zwei bis drei Liter **Schweiß** pro Stunde abgeben, der durch **Wasser** und Mineralstoffe ersetzt werden **muss**.
Kinder haben einen **äußerst** hohen **Flüssigkeitsbedarf**, weil sie im **Verhältnis** zum Körperinneren eine **größere** Körperoberfläche haben und dadurch mehr **Wasser** verlieren. **Deshalb** sollten Kinder nicht vom Trinken abgehalten werden. **Speiseeis ist** als **Flüssigkeitsersatz** jedoch nicht geeignet.
Das Durstzentrum im Gehirn **lässt** in seiner Funktion mit steigendem Lebensalter nach, **sodass (so dass)** die **Flüssigkeitszufuhr** für alte Menschen **meist** ein Problem darstellt.

Wörter: 179

Notizen:
_____

Ü

Bei den folgenden Wörtern sind die Buchstaben durcheinandergeraten. Bringe sie in die richtige Reihenfolge und schreibe die Wörter auf. Es handelt sich nur um solche Wörter, die in dem Text oben fett gedruckt sind.

siesepieS: _____

resintlVäh: _____

kleezIusMle: _____

murtzetnsrDu: _____

tsiem: _____

sWreas: _____

tsäls: _____

smsu: _____

tiegksFsüli: _____

T30 Vorsicht, Baby hört mit!

Erst einige Zeit nach dem **ersten Geburtstag** lernen die **meisten** Kleinkinder(,) ein paar Worte zu sprechen, die **zumindest** den stolzen Eltern verständlich sind. Doch **bereits wesentlich** früher **hinterlassen vorgelesene** Geschichten bleibende Eindrücke. **Wissenschaftler** fanden heraus, **dass** schon acht Monate alte **Babys** mehrfach gehörte Wörter wiedererkennen können.
Die **Psychologen** spielten ihren kleinen **Versuchspersonen** drei Geschichten vom Band vor, zehnmal innerhalb von zwei Wochen. Nach einer vierzehntägigen **Pause** wurden den Kleinkindern **Listen** mit drei Dutzend Wörtern vorgelesen. Die Forscher **registrierten**, wie lange die Kleinen das Köpfchen einer Lichtquelle zuwendeten, die über dem Lautsprecher leuchtete. **Dieses** Anzeichen für **aufmerksames** Lauschen dauerte länger, wenn die Liste aus Begriffen bestand, die in den zuvor gehörten Erzählungen häufig vorkamen. Wurden dagegen andere Wörter vorgespielt, erlosch **das Interesse** deutlich früher.
Bei einer zweiten Gruppe gleichaltriger Kinder, denen die Geschichten vorenthalten geblieben waren, fanden sich keine solchen Unterschiede. Sie reagierten auf beide Wortlisten **gleichermaßen desinteressiert**.
Die Wissenschaftler **schließen** daraus, **dass** die Babys im **Fluss** des gesprochenen **Textes** einzeln wiederkehrende Elemente wahrnehmen. Sie speichern häufig gehörte **Muster** und erkennen **diese** auch **außerhalb** des ursprünglichen **Zusammenhangs** wieder.

Wörter: 181

Notizen:
_____

Ü
Welche der im Text fett gedruckten Wörter, die mit einfachem, stimmlos gesprochenem s geschrieben werden, passen zu den folgenden Wörterumrissen?

☐☐☐☐▊☐☐ _____

☐▊☐☐☐ _____

☐☐☐▊☐ _____

☐▊☐☐ _____

☐▊☐☐☐☐ _____

s-Laute

T31 **Wie funktioniert eine Wasserpistole?**

Eine **Wasserpistole** ist eine Art Pumpe. Sie hat einen Wasserbehälter, einen Kolben und ein Spritzloch, die **Düse**. Wenn man den Kolben in den Wasserbehälter hineindrückt, sucht sich das Wasser einen **Ausweg** und **schießt** durch das Spritzloch **ins** Freie. Wasser ist nämlich nicht elastisch wie Luft, es **lässt** sich nicht **zusammenpressen**.
Es gibt sehr viele und **teilweise** recht komplizierte Modelle von Spritzpistolen. Bei den **meisten stößt** der Finger den Kolben mit dem Abzug in den Wassertank. Bei manchen Modellen wird **erst** Luft zusammengedrückt, die dann wie eine gespannte Feder das Wasser mit hohem Druck aus der Spritzpistole drückt.
Wenn das Spritzloch klein ist, **schießt** das Wasser mit **großer** Geschwindigkeit aus der Pistole. Die Wasserteilchen drängeln sich mit hohem Tempo durch die Öffnung. Sie behalten ihren Schwung bei(,) und der Wasserstrahl reicht weit. Bei einem großen Spritzloch würde das Wasser nicht **herausspritzen**, sondern **langsam herausfließen**.
Das kann man mit einem Gartenschlauch gut **ausprobieren**. Wenn die Düse weit geöffnet ist, **fließt** ein dicker Strahl aus dem Schlauch. **Verschließt** man die Düse **so, dass** nur eine kleine Öffnung bleibt, spritzt der Strahl weit in die Gegend.

Wörter: 186

Notizen:
_____

Ü Schreibe möglichst viele Wörter aus den folgenden Wortfamilien auf.

fließen: Fließband, geflossen _____

_____

schießen: _____

_____

schließen: _____

_____

stoßen: _____

_____

s-Laute

T32 Unterseeboote

Unterseeboote sind Schiffe, die Rumpf und Aufbauten **wasser-** und luftdicht **verschließen** können. Sie können wie normale Schiffe auf der **Wasseroberfläche** fahren, sie können aber auch untertauchen und ihre Fahrt unter **Wasser fortsetzen**. Ein U-Boot hat ein **System** von Schwimmkörpern, das ihm erlaubt(,) unterzutauchen und die Tauchtiefe zu verändern. Bei einer **Oberwasserfahrt** sind **diese** sogenannten (so genannten) Tauchzellen mit Luft gefüllt. **Sie** erzeugen den nötigen Auftrieb, um das U-Boot auf dem **Wasser** zu halten. Will das U-Boot auf Tauchfahrt gehen, öffnet **es** die **Schleusen** der Tauchzellen, **sodass** (so dass) **Wasser** hereinflutet. Das U-Boot wird immer schwerer und **sinkt**. So kann eine bestimmte Tauchtiefe eingestellt werden. Zum Auftauchen **presst** man Druckluft in die Tauchzellen: **Das Wasser** wird **aus** den Zellen gedrückt, **das** Schiff wird leichter(,) und **es** steigt wieder auf.

Die **meisten** U-Boote stehen im **Dienst** der **Kriegsmarinen. Sie** dienen dazu, sich **ungesehen** an feindliche **Kriegsschiffe** heranzupirschen und **sie** zu **beschießen**.

Es gibt keine **großen** Unterseeboote, die **Passagiere** über das Meer befördern können. U-Boote sind viel teurer **als** normale Schiffe, weil **sie** mit einer aufwendigen (aufwändigen) **Sicherheitstechnik ausgestattet sein müssen. Außerdem sind sie** recht **langsam unterwegs**. Ein gleich **großes normales** Schiff **ist** bei gleichem **Krafteinsatz wesentlich** schneller.

Wörter: 193

Notizen:

_____
_____
_____

Ü Löse mithilfe der fett gedruckten Wörter im Text oben das Worträtsel.

etwas zumachen: _____

Kammer, in der Schiffe durch Einfluten von Wasser gehoben werden: _____

Eine bestimmte Ordnung: _____

fest drücken: _____

Mitreisende auf einem Schiff: _____

Der Bär – der scheue Riese

Am 10. Oktober 1836 **erschoss** ein Jäger in der Nähe von Ruhpolding den letzten Bären auf deutschem Boden. Es war der **Schlusspunkt** einer langen und gnadenlosen **Ausrottungskampagne**, eines Feldzuges, der für die Unverantwortlichkeit des Menschen, seine **Unwissenheit** und seine **Rücksichtslosigkeit** kennzeichnend **ist**.

Da wird ein Braunbär **erschossen**, der letzte seiner Art. Nicht dem Schützen **ist es anzulasten**. **Es** war Zufall, **dass** der Bär ihm begegnete. Wir **müssen** tiefer dringen. Und da **stoßen** wir auf diese weitverbreitete (weit verbreitete) **Geisteshaltung**, die dem Bären – und nicht nur ihm – ein **Lebensrecht** in **unserer** Landschaft **abspricht**. Und **so** zeigen auch die Bilder **dieses** denkwürdigen Umstandes einen Schützen, auf Schultern getragen und gefeiert, vor ihm ein Pferdewagen mit dem von der Bevölkerung **bestaunten** Tier. In Ölfarbe **sieht** der Bär in der Tat beeindruckend **aus, groß** mit einem mächtigen und kantigen Schädel.

Einst lebten Braunbären in allen unseren Wäldern, in den Eichenwäldern waren **sie besonders** häufig. Heute **muss es als** erstaunlicher Glücksfall, **als wundersame** Lücke im **lückenlosen Ausrottungskrieg angesehen** werden, **dass** in den italienischen Alpen noch eine Handvoll wilder Braunbären ihr **Dasein fristet**. Doch **das** Ende der letzten Alpenbären scheint leider **fast** schon **besiegelt**.

Wörter: 195

Notizen:
_____
_____
_____

Ü Setze die richtige Form von „erschießen" ein.

1. Person Singular Präsens: Ich _____

1. Person Singular Präteritum: Ich _____

1. Person Singular Perfekt: Ich habe _____

s-Laute

T₃₄ Vorfahrt für die Autos?

Viele Menschen in den modernen **Industrieländern** leiden unter den Folgen einer schlechten **Verkehrsplanung**. Jahrzehntelang galt für die **Verkehrspolitiker** der Grundsatz: **Das** Auto hat Vorfahrt.
Die **meisten** Leute fanden **das** in Ordnung(,) und **so** wurden immer mehr neue **Straßen** und Autobahnen gebaut. Denn **ständig** auf verstopften **Straßen** im **Stau** zu **stehen**, das machte niemandem **Spaß**. Die Folgen wurden **allerdings** zu wenig bedacht. Zwar **fließt** der Verkehr heute viel zügiger, aber er **fließt** eben auch durch **Wohnstraßen**, durch **einstmals** ruhige Vororte, durch früher abgelegene Dörfer. Und wer damals vielleicht furchtbar geschimpft hat, wenn er in einer engen **Ortsdurchfahrt** im **Stau stand**, schimpft heute, wenn der Autoverkehr **ausgerechnet** durch **seine Straße braust**.
Eine **riesige** Fläche unseres Landes wurde für **Autostraßen** asphaltiert und betoniert. Zusammengerechnet ergibt sie 6250 Quadratkilometer. **Das** ist eine Fläche, die mehr **als** doppelt **so groß ist** wie **das Saarland**. Weitere 14 500 Quadratkilometer der **Bundesrepublik** – **das ist** mehr **als** fünfmal **so** viel wie **das Saarland** – nimmt die Umgebung von **Straßen**, Wegen und Autobahnen ein. **Sie ist aus** den **verschiedensten** Gründen, zum **Beispiel** wegen **des** Lärms und der **Abgase**, weder für die Landwirtschaft noch für Wohngebiete nutzbar.
Das Ziel **sollte es** daher in Zukunft **sein**, den Autoverkehr auf ein **erträgliches Maß** zu begrenzen.

Wörter: 207

Notizen:
_____
_____

Ü Schreibe zu folgenden Wörtern aus dem Text oben möglichst viele aus der jeweiligen Wortfamilie auf.

braust: _____
_____

Spaß: _____
_____

fließt: _____
_____

s-Laute

T35 Gefilterte Nahrung

Im **Wasser** leben Millionen **mikroskopisch** kleiner Pflanzen und Tiere, **das** Plankton. Viele Tiere, nicht nur **Wasserbewohner**, haben **sich** darauf **spezialisiert**, **diese** winzigen **Leckerbissen aus** dem **Wasser** zu filtern. Weil aber **Planktonorganismen so** winzig klein sind, **müssen** für ein lohnendes Mahl **riesige Wassermengen** gefiltert werden.

Flamingos sind ganz seltsame Vögel, langbeinig und mit langem **Storchenhals**, kleinem Kopf und einem dicken, krummen Schnabel. Bei der **Nahrungssuche staksen sie** durch **seichte** Tümpel, den Kopf **ins Wasser** getaucht, und bewegen den Schnabel im **Wasser** hin und her. Im Schnabelinneren sitzt ein Filterapparat **aus** feinen Hornkämmen. In ihnen verfangen **sich** winzige **Organismen**, kleine **Krebse** und Algen. **So sieben sie große** Mengen von **Wasser** und filtern alles **Fressbare** an **Kleinstlebewesen heraus**.

Selbst eine **große** Gruppe der **riesigen** Wale, nämlich die sogenannten (so genannten) Bartenwale, ernährt **sich** auf ähnliche **Weise. Anstelle** (An **Stelle**) von Zähnen tragen **sie** Barten, **das sind borstige** Hornplatten, im Maul. 200–400 **solcher** Barten hängen rund um den Oberkiefer wie ein **rissiger** Vorhang herab. Der Wal nimmt das Maul voll **Wasser**, bei jedem Maulöffnen etwa 55 Liter, und **presst es** zwischen den Barten wieder **aus**. Millionen kleiner garnelenartiger **Krebse** bleiben dann **fest** zwischen den Barten hängen, werden mit der Zunge abgeschlürft und geschluckt. Sie bilden die Hauptnahrung dieser **äußerst großen** Tiere.

Wörter: 208

Notizen:

_____
_____
_____
_____

Ü Welche der im Text fett gedruckten Wörter passen zu diesen Umrissen? Schreibe die Wörter jeweils daneben.

T36 Was sind die Kennzeichen einer Demokratie?

Eine echte Demokratie kann man an dem **Maß** der Freiheit **jedes** Menschen erkennen. **Das heißt**, wie viele Rechte er hat, die ihm auch eine Regierung nicht wegnehmen kann. Zum **Beispiel** die **Meinungsfreiheit**: Darf jeder seine Meinung überall und zu jeder Zeit **äußern**, auch wenn es nicht die Meinung der Regierung ist, ohne **dass** er Nachteile im Beruf bekommt oder gar um sein Leben fürchten **muss? Ist es außerdem** erlaubt, **sich** mit anderen Menschen zu Kundgebungen zu **versammeln** oder Vereine zu gründen oder **sogar** politische Parteien, die vielleicht gegen die regierende Partei antreten möchten?
Wichtiger **Bestandteil** einer Demokratie **ist** auch eine freie Berichterstattung von **Presse**, Rundfunk und **Fernsehen**. Nur dort, wo **es** eine freie, unabhängige **Presse** gibt, kann sich jeder Bürger darüber informieren, **was** im Staat geschieht, etwa welche **Gesetze** die Regierung **erlässt** oder was die Politiker tun. Wenn er damit nicht einverstanden **ist**, kann er bei der **nächsten** Wahl **seine Stimme** einem Gegenkandidaten geben.
Ein **typisches** Kennzeichen einer Demokratie **ist** auch, **dass** die Mitglieder der Regierung vom Volk gewählt werden, und zwar vom ganzen Volk. Jeder **muss** wählen dürfen(,) und jede Stimme **muss** gleich viel zählen, unabhängig von Geschlecht, Vermögen, Hautfarbe oder **Religionszugehörigkeit**. Und jeder Bürger kann **sich** für **jedes** Amt wählen **lassen**.

Wörter: 209

Notizen:
_____

Ü Trage jeweils mindestens drei der im Text fett gedruckten Wörter in die Spalten der Tabelle ein.

ss nach kurzem Vokal	ß nach langem Vokal oder Doppellaut

T37 Demokratische Bewegungen in Deutschland um 1848

In Deutschland hat **es besonders** lange gedauert, **bis sich** eine demokratische **Regierungsform durchsetzte. Erst** im **letzten** Jahrhundert, später **als** in anderen **Industriestaaten Europas**, wurde die Monarchie **abgelöst**.
Es gab aber schon früher Bestrebungen, auch in der deutschen Monarchie demokratische Reformen durchzuführen. **Besonders** im Königreich Preußen hatte man nach der Aufklärung und der **Französischen** Revolution erkannt, **dass** die Zeiten sich geändert hatten und der **Staat sich anpassen musste**.
Der **preußische** König und andere deutsche Herrscher hatten auch eine **Verfassung** sowie Beteiligung der Bürger an der Macht zugesagt, **diese** Versprechen dann aber nicht **eingelöst**. Denn mit dem Sieg über Frankreich 1815 glaubten die **Fürsten, dass** auch die demokratischen Ideen erledigt seien. **Dies erwies sich** aber als ein Irrtum. In den deutschen Fürstentümern waren immer mehr Menschen unzufrieden, denn mit dem Aufblühen der **Industrie** bekamen die Bürger immer **größere** wirtschaftliche Macht und **strebten** daher auch nach politischem **Einfluss**.
1848 führten die politischen Spannungen in einigen deutschen **Staaten sowie** in Österreich zu Revolutionen, die zunächst erfolgreich waren. Die Könige versprachen **Verfassungen** und führten **Presse-** und **Versammlungsfreiheit** ein.
Am 18. Mai 1848 trat in der **Paulskirche** in Frankfurt **erstmals** die Deutsche Nationalversammlung aus Abgeordneten aller deutschen Staaten zusammen, um ein Gesetz über Grundrechte des deutschen Volkes zu **beschließen**, also eine demokratische **Verfassung** für ein **geplantes Deutsches** Reich.

Wörter: 218

Notizen:
_____

Ü Schreibe den Infinitiv (die Grundform) zu folgenden Wörtern auf.

eingelöst: _____

erwies: _____

Ergänze den folgenden Satz aus dem Text oben.

Im Königreich _____ hatte man erkannt,

_____ sich die Zeiten geändert hatten und der

Staat sich _____ _____.

Groß- und Kleinschreibung

Großschreibung am Satzanfang oder Anfang anderer Textteile

R Den Satzanfang, den Anfang einer Überschrift, eines Buchtitels und den Beginn der wörtlichen Rede schreibt man groß.

BEISPIEL *Fahrradfahrer müssen im Großstadtverkehr besonders vorsichtig sein.*
Radfahrer übersah Fußgängerin
Radtouren im Paderborner Land
Karin sagte: „Wir benötigen ein umfangreiches Netz von Radfahrwegen."
„Fahrt vorsichtig!", rief die Lehrerin der Schülergruppe zu.

R Anschriften, Datumszeilen, Anreden und Grußformeln zum Beispiel in Briefen werden großgeschrieben.

BEISPIEL *Herrn*   *Paderborn, den 3. Januar 2007*
Otto Meier
Behringstraße 14
33104 Paderborn

Sehr geehrter Herr Meier,
herzlichen Dank für ...

Mit freundlichem Gruß
Pauline Keppler

Großschreibung von Nomen/Substantiven

R Nomen/Substantive werden großgeschrieben. Nomen/Substantive erkennt man am bestimmten oder unbestimmten Artikel.

BEISPIEL *der Esel, ein Esel (Maskulinum, männliches grammatisches Geschlecht)*
die Katze, eine Katze (Femininum, weibliches grammatisches Geschlecht)
das Huhn, ein Huhn (Neutrum, sächliches grammatisches Geschlecht)

Besonderheiten zur Schreibweise von Nomen/Substantiven

> **R** Zu der Grundregel, dass Nomen/Substantive großgeschrieben werden, gibt es noch einige Besonderheiten.

1. Folgende Wörter werden in der Verbindung mit den Verben *sein, bleiben* und *werden* kleingeschrieben: *schuld, pleite, bange, leid, gram, angst, recht, spitze, feind, freund, gram.*

   BEISPIEL *Er ist völlig pleite.*
   Daran ist sie schuld.
   Ihm wurde angst und bange.

2. Die Wörter recht/Recht und unrecht/Unrecht können in Verbindung mit Verben wie *behalten, bekommen, geben, haben, tun* klein- oder großgeschrieben werden.

   BEISPIEL *Sie tut ihm unrecht/Unrecht.*
   Er gibt ihm niemals recht/Recht.

3. Manche Verben sind mit ursprünglichen Nomen/Substantiven, die ihre eigenständige Bedeutung verloren haben, zusammengesetzt. Wird solch ein Ausdruck im Satzzusammenhang getrennt, werden die ursprünglichen Nomen/Substantive kleingeschrieben.

   BEISPIEL *leidtun – Es tut ihm leid.*
   kopfstehen – Die Klasse stand kopf.
   teilnehmen – Sie nimmt nicht teil.

4. Präpositionen (Verhältniswörter) wie *dank, kraft, trotz, seitens, zeit (seines Lebens),* die von Nomen/Substantiven abgeleitet sind, werden kleingeschrieben.

   BEISPIEL *Ich habe es dank deiner Hilfe geschafft.*

5. Ausdrücke, die die Aufgabe einer Präposition haben und mit einem Nomen/Substantiv verbunden sind, können häufig getrennt oder zusammengeschrieben werden. Bei der Getrenntschreibung wird das Nomen großgeschrieben.

   BEISPIEL *anstelle/an Stelle, aufgrund/auf Grund, aufseiten/auf Seiten, mithilfe/mit Hilfe, vonseiten/von Seiten, zugunsten/zu Gunsten, zulasten/zu Lasten, zuungunsten/zu Ungunsten*
   aber
   infolge (!)

Groß- und Kleinschreibung

6. Folgende Verbindungen mit einem Nomen/Substantiv können getrennt oder zusammengeschrieben werden. Bei Getrenntschreibung wird das Nomen großgeschrieben.

   BEISPIEL *außerstande sein/außer Stande sein, infrage stellen/in Frage stellen, zugrunde gehen/zu Grunde gehen, zuhause bleiben/zu Hause bleiben, zuleide tun/zu Leide tun, zumute sein/zu Mute sein, zurande kommen/zu Rande kommen, zuschulden kommen lassen/zu Schulden kommen lassen, zustande bringen/ zu Stande bringen*

7. Die unbestimmten Zahlwörter ein bisschen und ein paar (= einige) werden kleingeschrieben. Das gilt auch für den Ausdruck die beiden, beide.

   BEISPIEL *Darf es ein bisschen mehr sein?*
   Ich habe noch ein paar Fragen.
   Die beiden kenne ich gut.

8. Bruchzahlen auf -*tel* und -*stel*, die direkt **vor Maßangaben oder Zahlen stehen**, werden kleingeschrieben. Sie können auch zusammen mit der Maßangabe ein Nomen/Substantiv bilden.

   BEISPIEL *Nur eine hundertstel Sekunde trennte sie vom Sieg. (Auch: eine Hundertstelsekunde)*
   Ich hätte gern ein viertel Kilogramm Käse. (Auch: ein Viertelkilogramm)
   gegen drei viertel neun

9. In allen anderen Fällen schreibt man Bruchzahlen auf -*tel* und -*stel* groß.

   BEISPIEL *das erste Viertel, um drei Achtel größer, um (ein) Viertel nach drei*

10. Auch eine Zahl bzw. Mengenangabe kann ein Nomen/Substantiv bilden. Grundzahlen (Kardinalzahlen) ab einer Million stellen immer ein Nomen/Substantiv dar.

    BEISPIEL *die Drei, ein Dutzend, das Paar, die erste Million*

Großschreibung von Verben, Adjektiven und anderen Wortarten, die als Nomen/Substantive gebraucht werden

> **R** Verben, Adjektive und andere Wortarten können zu Nomen/Substantiven werden und werden dann ebenfalls großgeschrieben. Häufig steht ein Artikel, ein Adjektiv, eine Präposition mit eingeschlossenem Artikel oder ein anderer Begleiter davor.
> Manchmal fehlt der Begleiter auch, man kann ihn dann jedoch einsetzen.

Verben, die zu Nomen/Substantiven werden

BEISPIEL
*Hier ist (das) Parken nicht erlaubt.
Durch lautes Hupen werden die Anwohner gestört.
Zum Ausruhen blieb uns wenig Zeit.
Euer Warten hat sich wirklich gelohnt.*

Adjektive, die zu Nomen/Substantiven werden

BEISPIEL
*Das Schöne am Urlaub ist, dass man lange schlafen kann.
Die schwarzen Wolken verheißen nichts Gutes.
Morgen machen wir eine Fahrt ins Blaue.
Ich wünsche dir alles Gute.
Zum Nachtisch gab es etwas besonders Leckeres, Eistorte.
Sie mag (das) Rot besonders gern.
Das Fest war für Arm und Reich und für Jung und Alt gleichermaßen attraktiv.*

Weitere Wortarten, die zu Nomen/Substantiven werden

BEISPIEL
*Das ewige Hin und Her bringt mich ganz durcheinander.
In der Klassenarbeit hast du eine Zwei.
Sie kam als Erste ins Ziel.
Der Nächste bitte!
Das musst du mir im Einzelnen noch einmal erklären.
Jeder Einzelne ist hier gefragt.
Im Folgenden werde ich das Gedicht beschreiben und deuten.
Sie hatte das gewisse Etwas.
Er bot ihr das Du an.*

Besonderheiten zu Adjektiven, Partizipien und weiteren Wortarten, die zu Nomen/Substantiven werden

R Zu den Nominalisierungen/Substantivierungen gibt es noch einige besondere Regelungen. Z. T. werden Ausdrücke, die wie ein Nomen/Substantiv erscheinen, kleingeschrieben. Z. T. sind auch zwei Schreibweisen möglich.

1. Adjektive, Partizipien oder Zahlwörter, die sich auf ein vorhergehendes Nomen/Substantiv beziehen, werden kleingeschrieben.

BEISPIEL
*Im Karussell saßen viele Kinder; die kleinsten schrieen besonders laut.
Ich esse gern Äpfel; besonders gut schmecken mir die grünen.*

Groß- und Kleinschreibung

> *Er war der sportlichste und klügste von meinen Freunden.*
> *Die Verkäuferin zeigt ihm ihre Auswahl an Hemden. Die gestreiften gefielen ihm besonders gut.*
> *Zwei Frauen betraten den Raum, die erste trug einen kurzen Rock, die zweite eine Hose.*

2. Der Superlativ (Höchststufe) des Adjektivs wird kleingeschrieben. Nach einem Superlativ fragt man mit „Wie?".

 Dieses Auto fährt am schnellsten.

3. Ausdrücke, die die Aufgabe einer adverbialen Bestimmung übernehmen und mit *aufs* oder *auf das* eingeleitet werden, können groß- oder kleingeschrieben werden. Auch diese Ausdrücke, die ebenfalls eine Höchststufe beinhalten, erfragt man mit „Wie?".

 Er verurteilte ihr Verhalten aufs Schärfste/auf das Schärfste.
Er verurteilte ihr Verhalten aufs schärfste/auf das schärfste.

4. Superlative, nach denen mit „Woran?" („An was?") oder „Worauf?" („Auf was?") gefragt werden kann, schreibt man groß.

 Es fehlt uns am Nötigsten/an dem Nötigsten.
Wir sind aufs Einfachste/auf das Einfachste eingestellt.

5. Einige feste Verbindungen aus einer Präposition und einem nicht gebeugten (nicht deklinierten) Adjektiv ohne vorangehenden Artikel schreibt man klein.

 über kurz oder lang, von fern, von nah und fern, durch dick und dünn, von klein auf, seit längerem, schwarz auf weiß, grau in grau

6. Feste Verbindungen aus einer Präposition und einem gebeugten (deklinierten) Adjektiv ohne vorangehenden Artikel kann man groß- oder kleinschreiben.

BEISPIEL *von neuem/von Neuem, von weitem/von Weitem, bis auf weiteres/bis auf Weiteres, ohne weiteres/ohne Weiteres, seit längerem/seit Längerem, binnen kurzem/binnen Kurzem*

7. Pronomen werden kleingeschrieben, auch wenn sie ein Nomen/Substantiv vertreten.

BEISPIEL *Ich habe so* etwas *noch nicht gesehen.*
In der Stadt hat sich schon mancher *verirrt.*
Ich hätte gern dieses*, nicht* jenes*.*

Groß- und Kleinschreibung

8. Die folgenden Zahlwörter und Mengenangaben werden in der Regel kleingeschrieben.

BEISPIEL *viel, das viele, wenig, das wenige, das meiste, (der, die, das) eine, (der, die, das) andere*

Das Regelwerk erlaubt jedoch auch die Großschreibung.

BEISPIEL *Die Einen meinen dies, die Anderen das.*
Die Meisten waren seiner Meinung.

9. Die Grundzahlen (Kardinalzahlen) unter einer Million werden kleingeschrieben.

BEISPIEL *Meine Großmutter ist dreiundachtzig.*
Du musst die Zahl durch sechs teilen.
Sie konnte nicht bis drei zählen.
aber
In der Metropole wohnen sechs Millionen Einwohner.

10. Wenn die Mengenangaben *hundert* oder *tausend* sich auf eine unbestimmte Anzahl beziehen, kann klein- oder großgeschrieben werden. Das Gleiche gilt auch für D/dutzend(e).

BEISPIEL *Das Rennen verfolgten tausende/Tausende von Zuschauern.*
aber
Es wurden genau tausend Zuschauer gezählt.
Mehrere hundert/Hundert Menschen standen auf dem Marktplatz.
Das habe ich dir schon dutzende/Dutzende Mal gesagt.

Anredepronomen

R Das Anredepronomen *Sie* und das entsprechende Possessivpronomen *Ihr* schreibt man in allen grammatischen Fällen (Kasus) groß. Häufig werden diese höflichen Anredepronomen in Briefen verwendet.

BEISPIEL *Geben Sie mir bitte einmal Ihr Taschenmesser?*
Sehr geehrte Frau Müller,
herzlichen Dank für Ihr Schreiben. Ich erwarte Sie am Freitag ...

> Die persönlichen Anredepronomen *du* und *ihr* und die entsprechenden Possessivpronomen *dein* und *euer* schreibt man klein. In Briefen kannst du sie auch großschreiben. Dabei musst du jedoch einheitlich verfahren.

BEISPIEL *Würdest du mir bitte etwas Geld leihen?*

Liebe Anne,
ich muss dir/Dir unbedingt schreiben, was ich gestern mit d/Deinem Zwerghamster erlebt habe ...

Großschreibung von Eigennamen

> Eigennamen sind Bezeichnungen für bestimmte einzelne Gegebenheiten (Personen, Orte, Länder, Einrichtungen, geschichtliche Ereignisse und Zeitabschnitte). Eigennamen schreibt man groß.
> In Eigennamen, die aus mehreren Teilen bestehen, schreibt man das erste Wort und alle weiteren Bestandteile mit Ausnahme von Artikeln, Präpositionen und Konjunktionen groß.

BEISPIEL *Lukas, Janna*
Johann Wolfgang von Goethe
Unter den Linden
Atlantischer Ozean
Holsteinische Schweiz
Zweites Deutsches Fernsehen
Erster und Zweiter Weltkrieg
Frühes Mittelalter

Herkunfts- und Ortsbezeichnungen

> Herkunfts- und Ortsbezeichnungen auf *-er* werden immer großgeschrieben.

BEISPIEL *das Paderborner Rathaus*
das Düsseldorfer Rathaus
der Hamburger Fischmarkt

> **R** Herkunfts- und Ortsbezeichnungen auf *-isch* werden kleingeschrieben, wenn sie nicht fester Bestandteil eines Eigennamens sind.

BEISPIEL *französisches Weißbrot*
indische Gewürze
japanische Touristen

> **R** Adjektive auf *-isch* bzw. *-sch*, die von Personennamen abgeleitet werden, werden ebenfalls kleingeschrieben.

BEISPIEL *die Schriften des Aristoteles – die aristotelischen Schriften*
die Gedichte Schillers – die schillerschen Gedichte (auch: die Schiller'schen Gedichte)
die Theorie Darwins – die darwinsche Theorie (auch: die Darwin'sche Theorie)

Feste Verbindungen aus Adjektiv und Nomen/Substantiv

> **R** In vielen festen Verbindungen aus einem Adjektiv und einem Nomen/Substantiv wird das Adjektiv kleingeschrieben.

BEISPIEL *die höhere Mathematik*
das autogene Training
das tolle Treiben
der dumme August

> **R** Entsteht bei einer solchen Verbindung aus Adjektiv und Nomen/Substantiv eine neue Gesamtbedeutung, kann der Schreibende sich auch für die Großschreibung entscheiden.

BEISPIEL *das Schwarze/schwarze Brett (Anschlagtafel)*
der Weiße/weiße Tod (Lawinentod)

> **R** In einigen festen Verbindungen aus einem Adjektiv und einem Nomen wird das Adjektiv jedoch großgeschrieben.

1. Titel, Ehrenbezeichnungen

BEISPIEL *der Heilige Vater*
der Erste Bürgermeister
die Technische Direktorin

2. Fachausdrücke aus der Biologie

BEISPIEL *der Rote Milan*
der Große Panda
der Afrikanische Elefant
ein Fleißiges Lieschen

3. Fachausdrücke aus anderen Bereichen

BEISPIEL *die Kleine Anfrage (im Parlament)*
die Erste Hilfe
aber
der graue Star
die eiserne Lunge

4. Besondere Kalendertage

BEISPIEL *der Heilige Abend*
der Weiße Sonntag
der Internationale Kindertag
der Erste Mai

Zeitangaben

R Zeitangaben in der Form eines Nomens/Substantivs werden immer großgeschrieben. Vor ihnen steht oft ein Artikel, eine Präposition mit eingeschlossenem Artikel oder ein anderer Begleiter. Fehlt der Begleiter, kann man ihn häufig in Gedanken ergänzen.

BEISPIEL *der Sonntag*
am Donnerstag
eines Nachts
am Freitagnachmittag
für Montagabend

R Zeitangaben in der Form eines Adverbs schreibt man klein.

BEISPIEL vorgestern, gestern, heute, morgen, übermorgen
morgens, mittags, montags
montagmorgens, montags … morgens

R Tageszeiten werden nach den Adverbien *vorgestern, gestern, heute, morgen* und *übermorgen* großgeschrieben.

BEISPIEL heute Morgen
gestern Nacht
übermorgen Nachmittag

Mal und -mal

R Wird das Wort *Mal* als Nomen/Substantiv gebraucht, wird es großgeschrieben. In diesem Fall stehen Begleiter davor, die es deutlich als Nomen/Substantiv kennzeichnen.

BEISPIEL das erste Mal
zum zweiten Mal
viele Male
kein einziges Mal
von Mal zu Mal
jedes Mal

R Wörter mit dem Wortbaustein *-mal/-mals* werden kleingeschrieben, wenn es Adverbien (Umstandswörter) sind.

BEISPIEL einmal
achtmal
diesmal
keinmal
vielmals

R In einigen Fällen hängt es von der Betonung ab, ob der Bestandteil *mal* als selbstständiges Nomen/Substantiv oder als Teil eines Adverbs angesehen wird.

BEISPIEL achtmal – acht Mal
keinmal – kein Mal
jedesmal – jedes Mal

Groß- und Kleinschreibung 73

KURZDIKTATE

Nomen/Substantive und andere Wortarten, die wie Nomen/Substantive gebraucht werden

1 Gorillas

Ein ausgewachsener Gorilla, der auf den Hinterbeinen steht, ist größer als ein Mensch und **dreimal** so schwer. Wenn er sich **im Stehen** auf den gewaltigen Brustkorb trommelt, kann man schon Angst bekommen. Ernsthafte Kämpfe finden zwischen Gorillas selten statt, denn sie sind überaus friedliche Geschöpfe. Gorillas leben **im Allgemeinen** im Flachland und in den feuchten Bergwäldern. Die meiste Zeit verbringen sie am Boden, wobei sie sich **beim Laufen** mit den Vorderarmen abstützen.

2 Die Akrobaten des Regenwaldes

Gibbons sind kleine Menschenaffen, die den Regenwald Südostasiens bewohnen. Sie leben ausschließlich auf Bäumen und sind wahre Meister **im Schwinghangeln und Springen**. Bis zu zwölf Meter fliegen sie von Baum zu Baum. **Zum Trinken** hängen sie sich einfach an einen Ast über den Bach und schöpfen Wasser mit ihren zierlichen Händen. Nachts schlafen Gibbons in Baumwipfeln.

3 Schlick

Im Allgemeinen bezeichnet man mit diesem Wort alle Ablagerungen von Schlamm in Meeren, Seen und Flüssen. Im genauen Sinn sind mit Schlick jedoch nur diejenigen Ablagerungen gemeint, die in einer Tiefe von 800 bis 2500 Metern auf dem Meeresboden liegen.

4 Goldfische

Goldfische wurden schon früh **aufgrund/auf Grund** ihrer Schönheit als Haustiere gehalten. Vor ungefähr 3000 Jahren wurden sie am Hofe des Kaisers von China gezüchtet. Damals war es **etwas Besonderes**, Goldfische halten zu dürfen. Im 17. Jahrhundert wurden die Goldfische dann auch in Europa eingeführt. Diese 15 cm langen Zierfische hielt man meist in Goldfischgläsern. Es bildeten sich bald richtige Fanclubs für Goldfische in England und Amerika.

> **R** *aufgrund/auf Grund:* Ausdrücke, die die Aufgabe einer Präposition haben und mit einem Nomen/Substantiv verbunden sind, können häufig getrennt oder zusammengeschrieben werden. Bei der Getrenntschreibung wird das Nomen großgeschrieben.

5 Ehrgeiz

Als ehrgeizig gilt ein Sportler, der immer wieder versucht, eine Leistung **zustande/zu Stande** zu bringen, die er sich irgendwann einmal vorgenommen hat. Die Motivation dazu kann von ihm selbst ausgehen, jedoch auch **mithilfe/mit Hilfe** sanften Drucks durch einen Trainer oder Sponsor aufgebaut werden. Es gibt jedoch auch das Phänomen der Übermotivation. Solche Sportler und Sportlerinnen können einem **leidtun**, weil sie ihre Gesundheit gefährden. Ein solches Verhalten ist **aufs Schärfste/aufs schärfste** zu verurteilen.

> R *zustande/zu Stande bringen:* Einige feste Verbindungen mit einem Nomen können getrennt oder zusammengeschrieben werden. Der Ausdruck übernimmt oft die Aufgabe einer adverbialen Bestimmung *(infrage stellen/in Frage stellen, zugrunde gehen/zu Grunde gehen, zuhause bleiben/zu Hause bleiben, zuleide tun/zu Leide tun, zumute sein/zu Mute sein, zurande kommen/zu Rande kommen, zuschulden kommen lassen/zu Schulden kommen lassen, zustande bringen/zu Stande bringen).*

> R *mithilfe/mit Hilfe:* Ausdrücke, die die Aufgabe einer Präposition haben und mit einem Nomen/Substantiv verbunden sind, können häufig getrennt oder zusammengeschrieben werden. Bei der Getrenntschreibung wird das Nomen großgeschrieben.

> R *leidtun:* Manche Verben sind mit ursprünglichen Nomen/Substantiven, die ihre eigenständige Bedeutung verloren haben, zusammengesetzt. Wird solch ein Ausdruck im Satzzusammenhang getrennt, werden die ursprünglichen Nomen/Substantive kleingeschrieben.

> R *aufs Schärfste/aufs schärfste:* Ausdrücke, die eine Höchststufe beinhalten, die Aufgabe einer adverbialen Bestimmung übernehmen und mit *aufs* oder *auf das* eingeleitet werden, können groß- oder kleingeschrieben werden. Man erfragt diese Ausdrücke mit „Wie?".

6 Hobby

Freie Zeit zu haben ist **etwas Schönes**. In dieser Zeit können sich die Menschen mit etwas beschäftigen, das ihnen Spaß macht. Viele Leute sammeln Dinge (z. B. Briefmarken, Porzellan, Münzen), andere basteln gerne, musizieren oder üben einen Sport aus. Das englische Wort für eine solche Freizeitbeschäftigung heißt Hobby. Früher nannte man es Steckenpferd.

7 Walfang

Die Jagd auf das größte Säugetier der Erde, den Wal, wird seit 3000 Jahren betrieben. Sie war **im Großen und Ganzen** auch früher nicht so gefährlich wie in dem Roman „Moby Dick" von Herman Melville beschrieben. Denn die zutraulichen Wale kamen oft in kleinen Buchten zusammen und wurden dort **im Nu** in großer Zahl abgeschlachtet. Um die Inseln von Spitzbergen herum waren sie schon im 17. Jahrhundert ausgerottet. Heute verarbeitet man die getöteten Wale bereits auf hoher See, auf riesigen Walfangschiffen. Die Zahl der Wale ist durch die gedankenlose Jagd **auf ein Drittel** des früheren Bestands zurückgegangen. Um die Tiere **vor dem endgültigen Aussterben** zu bewahren, haben sich einzelne Staaten auf kleinere Fangmengen geeinigt.

8 Pluto

Auf der äußersten Umlaufbahn um die Sonne kreist der neunte Planet, genannt Pluto. Er ist mit einem Durchmesser von vielleicht 3000 Kilometern von allen Planeten **der winzigste**. Seine Umdrehungszeit ist entsprechend kurz, nur 6,4 Tage; seine Umlaufbahn um die Sonne ist jedoch **die längste** aller Planeten und dauert fast 252 Jahre. Der Pluto hat einen Mond bei sich.

> **R** *der winzigste, die längste:* Trotz der Artikel wird kleingeschrieben, weil sich die Adjektive auf ein Nomen/Substantiv zuvor beziehen.

9 Tropenwald

Der Tropenwald ist überreich an Bäumen und anderen Pflanzen. **Der weitaus üppigste** ist jedoch der Tropenwald von Borneo, einer Insel in Südostasien. **Das Besondere** ist, dass es hier auf einem Hektar Wald mehr Baumarten gibt als in ganz Europa.

> **R** *der weitaus üppigste:* Trotz des Artikels wird kleingeschrieben, weil sich das Adjektiv auf ein Nomen/Substantiv zuvor bezieht.

10 So kurz?

Ob ein Gedicht auch Poesie ist, also Dichtkunst, hängt nicht von der Länge ab. Ein holländischer Dichter hat eines Tages das kürzeste Gedicht in der Geschichte der Literatur geschrieben. Es bestand aus lediglich drei Buchstaben und lautete: „U nu!" **Das Interessante** ist, dass er damit 1620 einen Preis für das beste Gedicht bekam.

11 Ausbruch gescheitert

Zwei unternehmungslustige Affen entwischten in den gestrigen Abendstunden aus einem Paderborner Tierpark. Die beiden nutzten die Unaufmerksamkeit eines Tierpflegers, der während der Fütterung die Käfigtür unverschlossen ließ. Die Ausreißer konnten bereits nach kurzer Zeit wieder eingefangen werden. Der **eine/Eine** hatte sich in der Innenstadt unter einen Gemüsestand geflüchtet, der **andere/Andere** saß ein wenig verschreckt am Eingang des Dommuseums.

> **R** Die Wörter und Wortgruppen *viel, das viele, wenig, das wenige, das meiste, der eine, die andere, die beiden* werden in der Regel kleingeschrieben. Der Schreiber kann sich jedoch auch für Großschreibung entscheiden, wenn die Wörter als Nomen/Substantive angesehen werden sollen.

12 Was alles vom Himmel fällt

Ein Eisblock, der offenbar aus einer Flugzeugtoilette stammte, hat das Dach einer Schule in Kalifornien durchschlagen und beinahe einen Lehrer getroffen. Der Eisblock landete genau auf dem Pult, doch stand der Lehrer zufällig **ein bisschen entfernt** davon.

> **R** Die unbestimmten Zahlwörter *ein bisschen* und *ein paar (= einige)* werden kleingeschrieben.

13 Verrückte Namen

Wenn italienische Eltern einen Namen für ihre Kinder suchen, lassen sie sich zunehmend von Reisen inspirieren. Allein in Rom hören **Dutzende/dutzende** kleiner Mädchen mittlerweile auf Namen wie Everest oder Sahara. Ein Baby heißt sogar Lufthansa.

> **R** *Dutzende/dutzende:* Wenn die Mengenangaben *hundert* oder *tausend* sich auf eine unbestimmte Anzahl beziehen, kann klein- oder großgeschrieben werden. Das Gleiche gilt auch für *D/dutzend(e)*.

14 Gleichberechtigung

Gleichberechtigung heißt, dass jemand die gleichen Rechte hat wie die anderen Menschen. Das ist nicht selbstverständlich. Bei uns begannen vor etwa hundert Jahren die Frauen um ihre Gleichberechtigung zu kämpfen. Diese wurde dann auch 1949 im Grundgesetz festgeschrieben. In Südafrika haben sich die Menschen dieses Recht erst **vor kurzem/vor Kurzem** erkämpft. Den Weg in die Gleichberechtigung nennt man Emanzipation.

> **R** *vor kurzem/vor Kurzem:* Feste Verbindungen aus einer Präposition und einem gebeugten (deklinierten) Adjektiv ohne vorangehenden Artikel kann man groß- oder kleinschreiben.

Eigennamen, Herkunfts- und Ortsbezeichnungen

15 Silberschatz gehoben

18 Tonnen Silbermünzen im Wert von über 100 Millionen Mark haben Taucher aus einem gesunkenen Schiff vor der Küste Omans geborgen. Ein **deutsches U-Boot hatte** das mit **saudischen Rials** beladene Schiff während des **Zweiten Weltkriegs** versenkt.

> **R** *deutsches, saudischen:* Orts- und Herkunftsbezeichnungen auf *-sch* oder *-isch* werden kleingeschrieben, wenn es sich nicht um Eigennamen handelt.

> **R** *Zweiter Weltkrieg:* Eigennamen (Bezeichnungen für bestimmte Ereignisse, Orte, Gegebenheiten) schreibt man groß.

16 Sternbild

Schon in der Antike haben die Menschen kleinere Gruppen von Fixsternen zu einem „Bild" zusammengefasst. So erblickten sie am Himmelsgewölbe zum Beispiel den sagenhaften Jäger Orion oder über ihren Köpfen **den Großen und den Kleinen Wagen**. Einige Sternbilder hatten eine besondere Bedeutung, da sich die Sonne im Jahreslauf, natürlich nur scheinbar, durch sie hindurchbewegte. So entstanden die zwölf Sternbilder der Tierkreiszeichen.

Groß- und Kleinschreibung

> **R** *der Große und der Kleine Wagen:* Eigennamen (Bezeichnungen für bestimmte Ereignisse, Orte, Gegebenheiten) schreibt man groß.

17 Wasserverbrauch

In den Ländern **der Dritten Welt** hat jeder Mensch nur 30 bis 40 Liter Wasser pro Tag zur Verfügung. In den Industrieländern verbraucht jeder Mensch täglich 150 bis 200 Liter (in den USA sogar 400 Liter). Wenn man jetzt noch den Wasserverbrauch der Industrie, aller Schwimmbäder und Schulen mitberechnet, so kommt man auf einen täglichen Verbrauch von 6000 bis 7000 Litern Wasser pro Person.

> **R** *die Dritte Welt:* Eigennamen (Bezeichnungen für bestimmte Ereignisse, Orte, Gegebenheiten) schreibt man groß.

18 Das Rote Meer

Das Rote Meer, zwischen der **arabischen** Halbinsel und Ägypten, ist ein typisches Nebenmeer **des Indischen Ozeans**. Es ist eigentlich nur selten rot, wenn sich stellenweise die Rotalgen zufällig besonders stark vermehren. Sonst ist es, wie alle flachen Meere, grün bis blaugrün. Sowohl die Luft- als auch die Wassertemperatur erreichen hier 35 Grad Celsius. Da die Verdunstung sehr hoch ist und die Zuflüsse von Süßwasser äußerst gering sind, ist der Salzgehalt des **Roten Meeres höher** als im offenen Ozean. **Das Rote Meer** verbreitert sich langsam. In einigen Millionen Jahren wird hier ein neuer Ozean entstanden sein.

> **R** *das Rote Meer, der Indische Ozean:* Eigennamen (Bezeichnungen für bestimmte Ereignisse, Orte, Gegebenheiten) schreibt man groß.

19 Ein wirksames Mückenmittel

Ein Wissenschaftler **der Amsterdamer Universität** hat herausgefunden, dass Mücken von Schweißfüßen in besonderer Weise angezogen werden. Nicht nur deshalb lohnt es sich, sich regelmäßig abends die Füße gründlich zu reinigen.

> **R** *Amsterdamer Universität:* Ortsbezeichnungen auf *-er* werden großgeschrieben.

Zeitangaben

20 Sommerzeit

Eine Umstellung der Zeit im Sommer nennt man Sommerzeit. Dabei wird im März, meist um 2 Uhr **an einem Sonntagmorgen**, die Uhr um eine Stunde auf 3 Uhr vorgestellt. Dadurch bleibt es **am Abend** länger hell(,) und so kann eine gewisse Menge Beleuchtungsenergie gespart werden. Im Oktober wird dann die Uhr wieder eine Stunde zurückgestellt, sodass (so dass) es **morgens** früher hell ist.

21 Elfjähriger alarmiert Polizei mit Klorolle

Ein elfjähriger Junge aus Wesseling bei Köln hat die Polizei mit einem Hilferuf auf einer Toilettenpapierrolle in helle Aufregung versetzt. Der Schüler hatte **am**

Montagmorgen in der Schule so großen Ärger veranstaltet, dass ihn seine Mutter dort abholen musste. Zur Strafe sperrte sie ihn **mittags** für zwei Stunden in die Toilette ein. Wie die Polizei **gestern Nachmittag** berichtete, warf der Elfjährige prompt eine Klopapierrolle mit seiner Adresse und der Aufschrift „Bitte rufen Sie die Polizei. Man hält mich gefangen!" aus dem Fenster.

22 Schlafwandler sperrt sich aus

Nur mit einem Pappkarton um die Hüften erschien **vorgestern Morgen** in Frankfurt ein 27-jähriger Mann auf dem Polizeirevier. Der Nackedei hatte beim Schlafwandeln nachts seine Wohnung verlassen und dabei die Eingangstür ins Schloss fallen lassen. Die Beamten verständigten einen Schlüsseldienst.

23 Ankündigung 1

Das Fußballturnier findet **Sonntagnachmittag** statt. Trainingsmöglichkeiten gibt es täglich **abends** auf dem Nebenplatz des Stadions. **Am Donnerstagvormittag** wird eine zusätzliche Trainingseinheit angeboten. Leider ist dann die Anlage **nachmittags** jedoch geschlossen.

24 Ankündigung 2

In Zukunft treffen sich alle interessierten Jugendlichen **freitagnachmittags** zur Gruppenstunde. Der bisherige Termin **am Donnerstag** entfällt dafür. Zu einer Vorbesprechung sollten nach Möglichkeit alle Leiter bereits **morgen Abend** ins Jugendzentrum kommen.

Mal, -mal

25 Durchgehend geöffnet

Ein griechischer Gastwirt aus der Nähe von Athen war es leid, das Schloss seiner Eingangstür immer wieder zu reparieren. **Zum sechsten Mal** war in seine Kneipe eingebrochen worden. Deshalb befestigte er ein Schild mit der Aufschrift an der Tür: „Durchgehend geöffnet!"

26 Mann wog acht Zentner

Zehn Feuerwehrleute, drei Polizisten und zwei Tragbahren waren notwendig, um einen acht Zentner schweren Ägypter aus seiner Wohnung in Alexandria zu wuchten. Der 45-Jährige musste seine Wohnung **erstmals** seit sieben Jahren verlassen, um sich in einem Krankenhaus behandeln zu lassen. **Wie viele Male** der Mann schon eine Diät versucht hat, konnte nicht in Erfahrung gebracht werden.

27 Angriff der Bienen

Mehr als **tausendmal** wurde ein 86-jähriger Amerikaner von Bienen gestochen. Er und weitere vier Männer, die ihm zu Hilfe geeilt waren, mussten ins Krankenhaus gebracht werden. Der alte Mann war beim Rasenmähen gegen einen mehr als drei Meter großen Bau gestoßen, den 75 000 Bienen an einer Hausverschalung errichtet hatten.

T38 Waldbrand

Seit drei Monaten hatte es nicht geregnet. Die glühende Hitze hatte das Land ausgedörrt. Bereits im Juni und Juli flackerten viele kleine Feuer in den Wäldern auf. Ausgelöst wurden sie durch unvorsichtige Wanderer oder Glasscherben, die wie Lupen wirken. Diese Brände wurden aber schon **im Entstehen** erfolgreich bekämpft. Dennoch befiel **ein großes Bangen** alle, welche die drohende Gefahr ahnten.

Dann kam es zur Katastrophe. Im August konnte **das immer neue Aufzüngeln** der Flammen im welken Gras und Heidekraut nicht mehr eingedämmt werden. Das Feuer huschte knisternd über den Boden. Es sprang über Busch und Strauch aufwärts bis in das Geäst der ausgetrockneten Kiefern. Brausende Wipfelfeuer vernichteten ganze Wälder.

Das Prasseln und Heulen der Flammenwände entmutigte fast die Feuerwehren und vielen freiwilligen Helfer. **Ein Aufhalten** dieser Feuerwalze schien unmöglich. Nichts wurde verschont. Unvorstellbar große Flächen verbrannter Erde blieben zurück. **Das Singen** der Vögel und **das vertraute Säuseln** des Windes in den Bäumen war für lange Zeit verstummt.

Wörter: 157

Notizen:

___

Ü Trage die fehlenden Buchstaben in die folgenden Satzpaare ein.

Für das __ntstehen von Waldbränden sind oft sorglose Spaziergänger verantwortlich.

Waldbrände __ntstehen vor allem in südlichen Regionen.

Die Vögel haben aufgehört zu __ingen.

Vertrautes __ingen ist für lange Zeit nicht zu hören.

Wer sollte das Feuer __ufhalten?

Ein __ufhalten der Feuerwalze schien unmöglich.

T39 Schach

Schach gilt **für viele** als das interessanteste Spiel, das sich Menschen ausgedacht haben. Es stellt **das Treffen** zweier gleich starker (gleichstarker) Heere dar. Beide haben das Ziel, den feindlichen König zu besiegen und mattzusetzen. Er muss so angegriffen werden, dass ihm kein Fluchtweg mehr bleibt und auch keine seiner Figuren ihn **durch Abschlagen** des Gegners oder **Dazwischentreten** retten kann.

Nichts in diesem Spiel ist Zufall. Immer ist es die eigene Entscheidung, die den Spielverlauf bestimmt. Es geht um **das Planen und Durchdenken** der eigenen Züge, ebenso aber um **das Vorausberechnen** der möglichen Aktionen des Gegners. Das setzt ein großes Vorstellungsvermögen voraus.

Für viele ist **das Schachspielen etwas besonders Entspannendes**. Es wirkt wohltuend durch seine Stille, die auch den Besucher von Turnieren **zu schweigendem Zuschauen** zwingt. **Lautes Reden** ist völlig verpönt.

Dieses Spiel wurde längst zum Hobby von Millionen. Es hat sich über den ganzen Erdball verbreitet. Es scheint, als gehe eine eigene Faszination von diesem Sport aus.

Wörter: 157

Notizen:

_____

_____

Ü Schreibe den folgenden Textauszug noch einmal in der richtigen Weise auf. Vergleiche anschließend mit dem Text oben.

nichts in diesem spiel ist zufall. immer ist es die eigene entscheidung, die den spielverlauf bestimmt. es geht um das planen und durchdenken der eigenen züge, ebenso aber um das vorausberechnen der möglichen aktionen des gegners. das setzt ein großes vorstellungsvermögen voraus.

T40 Freizeitgestaltung im alten Rom

Die Frage, was man mit seiner Freizeit anfangen solle, gab es auch schon **im alten Rom**. Eine Möglichkeit bestand darin, ein Bad aufzusuchen. Die Bäder waren **für Arm und Reich**, **für Jung und Alt** und für Männer und Frauen gleichermaßen **ein tägliches Muss**. In der Kaiserzeit war der Eintritt meist kostenlos; musste man doch **einmal** bezahlen, lag der Preis **im Allgemeinen** weit unter dem für **einen Liter Wein** oder einen Laib Brot.
Der erste Raum war der Umkleideraum, gefolgt von einem Dampfbad. Daran schloss sich das Warmbad an, **als Nächstes** kam das Kaltbad. Schließlich gab es noch ein Schwimmbassin **im Freien**.
Um dieses herum waren Räume angeordnet, in denen man Schwitzbäder nahm oder sich **zum Massieren oder Salben** zurückziehen konnte. Es gab Turnräume, Bibliotheken, Lesezimmer und Aufenthaltsräume; selbst eine Kleinigkeit zu essen bekam man. Die Bäder boten **dem Einzelnen** also gleichzeitig die Möglichkeit, soziale Kontakte zu pflegen und über Sport, Geschäfte und Politik zu plaudern.

Wörter: 159

Notizen:

_____
_____
_____
_____

Ü Streiche in dem folgenden Textauszug die falschen Buchstaben durch. Vergleiche anschließend mit dem Text oben.

Die Frage, was man mit seiner (F/f)reizeit (A/a)nfangen solle, gab es auch schon im (A/a)lten Rom. Eine Möglichkeit (B/b)estand darin, ein (B/b)ad aufzusuchen. Die Bäder waren für (A/a)rm und (R/r)eich, für (J/j)ung und (A/a)lt und für Männer und Frauen (G/g)leichermaßen ein tägliches (M/m)uss. In der Kaiserzeit war der Eintritt meist kostenlos; musste man doch (E/e)inmal bezahlen, lag der Preis im (A/a)llgemeinen weit unter dem für einen (L/l)iter Wein oder einen Laib Brot.

Groß- und Kleinschreibung

T41 Vom Nutzen der Raumfahrt

Die Frage nach dem Nutzen der Raumfahrt hätte noch vor hundert Jahren bestenfalls **ein spöttisches Lächeln** provoziert. So **etwas Unsinniges und Unrealistisches** gab es nur in spannenden Erzählungen. Doch auch in unseren Tagen begegnet man neben Begeisterung für die Raumfahrt immer wieder Skepsis und Ablehnung. Haben wir **nichts Wichtigeres** zu erforschen? Gibt es nicht entscheidendere Probleme zu lösen, **politische, soziale, wirtschaftliche**?

Der finanzielle Aufwand für die Weltraumtechnik steht nach Ansicht **vieler (Vieler)** in keinem Verhältnis zum erkennbaren Nutzen.

Auf den ersten Blick erscheint der praktische Nutzen der Raumfahrt tatsächlich gering, aber **auf den zweiten** erkennt man, dass die Bedeutung für bestimmte Bereiche unseres Lebens beträchtlich ist. So konnte mit Hilfe (mithilfe) meteorologischer Satelliten die Wettervorhersage auf eine gesicherte Grundlage gestellt werden. Inzwischen ist es **nichts Ungewöhnliches** mehr, mit Hilfe (mithilfe) von beweglichen Satellitenbildern die Wetterentwicklung im Fernsehen zu verfolgen. Erkenntnisse über die Schwerelosigkeit lassen sich im medizinischen Bereich nutzen. **Im Übrigen** wurden zahlreiche Materialien im Zusammenhang mit der Raumfahrt entwickelt und getestet.

Wörter: 163

Notizen:
_____
_____

Ü Streiche in dem folgenden Textauszug die falschen Buchstaben durch. Vergleiche anschließend mit dem Text oben.

Die Frage nach dem Nutzen der Raumfahrt hätte noch vor (H/h)undert Jahren (B/b)estenfalls ein (S/s)pöttisches (L/l)ächeln provoziert. So etwas (U/u)nsinniges und (U/u)nrealistisches gab es nur in (S/s)pannenden Erzählungen. Doch auch in unseren Tagen begegnet man neben Begeisterung für die Raumfahrt immer wieder Skepsis und Ablehnung. Haben wir (N/n)ichts (W/w)ichtigeres zu erforschen? Gibt es nicht (E/e)ntscheidendere Probleme zu lösen, (P/p)olitische, (S/s)oziale, (W/w)irtschaftliche?

T₄₂ Die wissenschaftliche Erforschung der Träume

Der erste Traum, den du **nachts** hast, dauert wahrscheinlich 10 bis 15 Minuten. **Der letzte** dauert vielleicht 45 Minuten. Woher weiß man das?
Es gibt Traumlaboratorien, in denen Wissenschaftler untersuchen, was während **des Schlafens** geschieht. Dazu verwenden sie ein Spezialgerät, das ein Elektro-Enzephalogramm des Gehirns anfertigt. Auf dem Bildschirm zeichnet das Gerät eine Kurve von der Gehirntätigkeit. Die Aufzeichnung eines Elektro-Enzephalogramms einer schlafenden Person ermöglicht es den Forschern, **das Träumen** unter wissenschaftlichen Bedingungen zu erforschen.
Während **einer Nacht** können wir mehrere verschiedene Träume haben. **Der erste** beginnt **im Allgemeinen** etwa 60 bis 90 Minuten nach **dem Einschlafen**. Danach folgt eine ziemlich lange Phase, die traumlos ist.
Wenn man schläft, sind die Augen geschlossen. Selbst während **des Träumens** bleiben sie zu. Doch unter den Augenlidern bewegen sich die Augäpfel hin und her. Man könnte meinen, dass die Augen den Bildern des Traumes folgen.
Diese Phase nennt man im Übrigen den „REM-Schlaf". REM ist die Abkürzung des englischen Ausdrucks „Rapid Eye Movement", was „schnelle Bewegung der Augen" bedeutet.

Wörter: 171

Notizen:

_____
_____
_____

Ü Erkläre mit eigenen Worten, warum **der letzte** und **der erste** im Text oben kleingeschrieben werden, obwohl deutliche Merkmale eines Nomens/Substantivs vorliegen.

_____
_____

Ü Wähle aus dem Text oben zwei Verben aus, die zu Nomen/Substantiven geworden sind, und verwende sie jeweils in einem Satz in ihrer ursprünglichen Form als Verben.

1. _____
_____

2. _____
_____

T43 Ein Schätzfehler macht Geschichte

Schon seit dem Altertum wussten die aufgeklärten Geographen (Geografen), dass die Erde rund ist, und im 15. Jahrhundert hatte sich die Überzeugung allgemein durchgesetzt.
Eine berühmte Weltkarte aus dieser Zeit bildete zwischen **Europa** und **China** den **Atlantischen Ozean** ab, in welchem man einige verstreute Inselgruppen vermutete. Von dieser Karte ging auch **Columbus** aus, als er seine Reise plante. Er, der sich unter anderem auf die Berichte des **Venzianers Marco Polo** verließ, war der Meinung, man könne **Asien** über die **Kanarischen Inseln** in einigen Wochen erreichen. Das war jedoch ein Irrtum, wie wir heute wissen. **Amerika** wurde so wegen eines Rechenfehlers entdeckt.
Hätte **Columbus** die wirkliche Entfernung zwischen **Europa** und **China** oder **Indien** gekannt, so hätte er sich kaum in das unbekannte Weltmeer hinausgewagt.
Nach der Reise von 1492 dauerte es noch Jahre, bis sich herausstellte, dass nicht der Seeweg nach **Asien** gefunden worden war, sondern die später so genannte **„Neue Welt"**. Hinter dieser Welt liegt, wie **Balboa** 1513 entdeckte, der **Pazifische Ozean**. Erst wenn man den **Stillen Ozean** durchsegelt hat, gelangt man nach **Asien**.

Wörter: 178

Notizen:
___
___
___
___

Ü Trage in die folgenden Orts- und Herkunftsbezeichnungen die fehlenden Buchstaben ein. Wenn du dir bei der Schreibweise nicht sicher bist, lies noch einmal auf S. 69–70 nach.

der __tlantische Ozean

die __ndischen Gewürze

im __azifischen Ozean

der __enezianer Marco Polo

__riechischer Wein

__uropäische Länder

die „__eue Welt"

Groß- und Kleinschreibung

T44 Gute und schlechte Medizin

Die Indianer glaubten, dass es eine **gute** und eine **böse Medizin** gebe. Erstere bewirke **Gutes**, während **die andere (Andere)** unheilvoll auf die Menschen wirke. Eine Person, ein Tier und ein Ding konnten gute oder schlechte Medizin bewirken.
Das Erste, was ein junger Indianer **im Allgemeinen** zu ergründen suchte, wenn er das Mannesalter erreichte, war die Art seiner Medizin. Er suchte sie **manchmal** in seinen Träumen und seinen Visionen(,) oder er suchte sie in den Dingen zu finden, die ihn umgaben und die ihm bisher Glück gebracht hatten. Die Dinge, die ihm dabei **besonders** auffielen, steckte er **jedesmal (jedes Mal)** in einen kleinen Sack, den er immer bei sich trug.
Hatte man seine Medizin gefunden, so war man **im Großen und Ganzen** gegen Unheil gefeit. Der Indianer setzte sich nun sogar Kugeln und Pfeilen aus. Er vertraute darauf, dass seine Medizin ihn in jeder Lage schützen werde. Dieser Glaube verlieh **dem Einzelnen** die Kraft, **Besonderes** zu vollbringen.
Wurde der Indianer einmal das Opfer eines Missgeschicks, verfolgte ihn das Pech, so machte er seine Medizin dafür verantwortlich. Er zerstörte sie und suchte sich **eine neue**.

Wörter: 184

Notizen:
___
___

Ü Trage die fehlenden Buchstaben in die folgenden Sätze ein.

Indianer gelten im ___llgemeinen als besonders furchtlose Wesen.

Die Indianerstämme waren sehr verschieden, mit ___llgemeinen Aussagen sollte man sich zurückhalten.

Viele Indianerstämme verwendeten ___esondere Farben, mit denen sie sich bemalten.

Die Fahrt in einem Einbaum war für viele Indianerkinder nichts ___esonderes.

Die Weißen brachten den Indianern nichts ___utes.

Die Indianer kannten sich mit den Sternen ___ut aus, für sie waren die Sterne Zeichen höherer Wesen.

Groß- und Kleinschreibung

T45 **Sehr geehrter Herr Schulte,**

hiermit bewerbe **ich mich** um eine Stelle als Auszubildender in **Ihrer** Gärtnerei. Ich halte **mich** für besonders geeignet(,) diesen Beruf zu ergreifen(,) und biete **Ihnen** und selbstverständlich **Ihrer** Gattin und **Ihren** verehrten Kindern meine Dienste an.

Bereits als Säugling hatte **ich** den sehnlichsten Wunsch, Gärtner zu werden. Immer wieder trieb **es mich** aus **meinem** Sandkasten auf das frische Grün des Rasens. Blumen pflückte **ich** nicht nur, **ich** verspeiste **sie** sogar mit großem Genuss. Spinat, Blumenkohl und frischer Salat aus **Ihrem** verehrten Gemüseanbau waren fester Bestandteil meiner Ernährung in der Kinderzeit. Nur so konnte **ich** zu dem werden, was **ich** heute bin: ein Prachtkerl mit grünem Daumen.

Wie gern würde **ich mich** zwischen **Ihren** Möhrenreihen aufhalten, den Pflanzen gut zureden, **ihnen** Wasser in ausreichender Menge geben und **ihnen Ihre** Grüße ausrichten. Selbstverständlich wäre **ich mir** nicht zu schade(,) persönlich **Ihre** Radieschen, die **Sie** so lieben, zu polieren und **ihnen** den Glanz zu verleihen, den Käuferinnen und Käufer so sehr schätzen.

Natürlich ist Unkraut für **mich** ein Fremdwort.

Ich hoffe, **ich** habe **Sie** überzeugt, und **Sie** sehen mit Freude einer Zusammenarbeit mit **mir** entgegen.

Hochachtungsvoll

Willibald Waldschrat

Wörter: 189

Notizen:

Ü Welche Pronomen schreibt man in Briefen und anderen Texten immer groß? Schau gegebenenfalls noch einmal auf Seite 68–69 nach.

Groß- und Kleinschreibung

T46 **Seltsamer Spazierritt**

Ein Mann reitet auf seinem Esel und lässt **seinen Jüngsten** zu Fuß nebenherlaufen. Da kommt ein Wanderer und sagt empört: „Das ist nicht richtig, Alter, dass **Ihr** reitet und den Jungen laufen lasst; **Ihr** seid **der Stärkere**." Da stieg der Vater vom Esel herab und ließ den Sohn reiten.
Nun kommt wieder ein Wanderer und ruft: „Das bedeutet **nichts Gutes**, Junge, dass **du** reitest und **den Alten** zu Fuß gehen lässt!" Da stiegen **beide** auf und ritten eine Strecke.
Bald aber kommt ein dritter Wanderer und bemerkt: „So **etwas Dummes**! Zwei so schwere Menschen sitzen auf einem so schwachen Tier!" **Im Nu** stiegen die beiden wieder ab und gingen zu Fuß weiter, **der eine** (Eine) links, **der andere** (Andere) rechts, in der Mitte der Esel.
Schließlich kommt ein vierter Wanderer und fragt: „Geht es nicht **ein bisschen** leichter, wenn einer von **euch** reitet?"
Da banden Vater und Sohn dem Esel die Beine zusammen, zogen einen starken Pfahl hindurch und **trugen** den Esel auf ihren Schultern **heim**. **Das Hin und Her waren** sie gründlich **leid**.
So weit kann es kommen, wenn man **nichts Falsches** tun und es allen recht machen will.

Wörter: 190

Notizen:

_____
_____
_____
_____

Ü Wähle drei Adjektive aus, die im Text oben als Nomen/Substantiv gebraucht werden, und verwende sie jeweils in einem Satz in ihrer ursprünglichen Form als Adjektive.

1. _____

_____

2. _____

_____

3. _____

_____

T47 Ölpest

Tankerunfälle auf See gibt es immer wieder. Die Medien berichten in Text und Bild ausführlich darüber.
Durch das Auslaufen des Öles bilden sich Ölteppiche, die Strände bedrohen und Seevögelbestände vernichten.
Nach den schweren Anfangsschäden, vor allem dem Vogeltod **durch Verölen und Verkleben** des Gefieders, versiegen meist die Nachrichten über weitere katastrophale Folgen.
Die großen Unfälle **mit dem Ausströmen** von tausenden (Tausenden) von Tonnen Öl schaden der Natur, aber diese besitzt auch Abwehrmechanismen, wodurch die Katastrophe manchmal in Grenzen gehalten wird.
Man weiß natürlich, dass es **durch das Austreten** von Millionen von Tonnen Erdöl aus Lagerstätten auf dem Meeresboden immer schon Verschmutzungen gab, mit denen die Natur zwangsläufig fertig werden musste.
Kohlenwasserstoffe sind der Natur durchaus **nichts Fremdes**. Das Meer hat ein großes Selbstreinigungsvermögen. Einige Ölbestände verdunsten, andere machen chemische Veränderungen durch, die **das Verteilen und Versinken** beschleunigen. Übrig bleiben Teerklumpen, an denen Planktonorganismen nagen. Zwar ist ihnen **ein Verdauen** schwer löslicher (schwerlöslicher) Ölreste unmöglich, doch sinken diese mit dem Kot zu Boden.
Dennoch darf das Selbstreinigungsvermögen des Meeres auf keinen Fall überschätzt werden. Giftige Algenteppiche, die immer häufiger zum Beispiel in der Nordsee oder im **Atlantischen Ozean** vorzufinden sind, sind ein drastischer Beweis für die Belastung der Meere.

Wörter: 197

Notizen:
_____

Ü Schreibe Satzpaare auf, in denen du die Verben *verkleben, verteilen, versinken* jeweils in ihrer ursprünglichen Form und als Nomen/Substantive verwendest.

1. verkleben: _____

_____

2. verteilen: _____

_____

3. versinken: _____

_____

Groß- und Kleinschreibung

T48 Der Wald

Wald ist mehr als die Summe seiner Bäume. Er ist das natürliche Vegetationskleid unserer Landschaft, das sich einst in schier endloser **Tiefe** überall dort erstreckte, wo es nicht zu nass oder zu kalt war für die Bäume. Wo heute Städte und Dörfer liegen, war bis in die geschichtliche Zeit hinein Wald(,) und auch die landwirtschaftlichen Felder, **die fruchtbaren** zumindest, liegen über einstigem Waldboden.

Für Menschen, die den Wald mit Feuern und Äxten zurückdrängen mussten, um Siedlungs- und Weideflächen zu bekommen, galt er verständlicherweise lange Zeit als Kulturhindernis. Unsere Vorfahren im frühen Mittelalter sahen im düsteren Forst **etwas Feindliches, Unheimliches**, voller Dämonen und Geister, wie viele Märchen und Sagen bezeugen.

Vorrangige Aufgabe war also **das Zurückdrängen** des Waldes. Wo immer die Rodungsbemühungen nachließen, wo durch Seuchen und Kriege die Bevölkerung vorübergehend zurückging, da breitete sich der Wald **aufs Neue** aus und eroberte verlorenen Boden zurück. Er kann das in wenigen Jahrzehnten.

Im Mittelalter waren nur **die Wagemutigsten** im Wald, die Jäger; aber auch Abenteurer und jene Gesetzlose, die sich scheuten(,) aus dem dunklen Schutz der Wälder ans Licht zu treten. Noch besang keiner die Schönheit der Wälder. Dazu musste er als **etwas Kostbares** erkannt werden, als Ort der Erbauung.

Wörter: 201

Notizen:

___

Ü Ergänze die fehlenden Buchstaben. Achte dabei auf Groß- und Kleinschreibung.

1. Auch die landwirtschaftlichen Felder, die __ruchtbaren zumindest, lagen über einstigem Waldboden.

2. Unsere Vorfahren sahen im düsteren Forst etwas __nheimliches, __eindliches.

3. Vorrangige Aufgabe war das __urückdrängen des Waldes.

4. Der Wald breitete sich aufs __eue aus.

5. Im Mittelalter waren nur die __agemutigsten im Wald.

6. Der Wald musste als etwas __ostbares entdeckt werden.

Groß- und Kleinschreibung

T49 Welche Nachricht kommt in die Zeitung?

Die Welt ist riesengroß. Auf unserem Planeten leben **Milliarden** von Menschen(,) und überall geschehen jeden Tag äußerst viele Dinge. Aber nicht jedes Ereignis ist eine Nachricht **wert** und erscheint in der Zeitung.

Aber was steht denn nun in der Zeitung? Zuerst einmal alles wirklich **Wichtige**. Es wird darüber berichtet, was in der Politik in den Parlamenten beschlossen wurde. Weitere wichtige Meldungen ergeben sich aus Katastrophen und Unglücken. Wenn irgendwo ein Flugzeug abgestürzt oder ein Schiff untergegangen ist, dann steht es in der Zeitung.

Weiter reizt das **Ungewöhnliche** die Zeitungsleser. Wenn ein Hund einen Menschen beißt, ist das zwar schlimm, aber für einen Zeitungsleser nicht sonderlich interessant. Eine spannende Zeitungsmeldung wäre aber: „Mann beißt Hund!" Manche Zeitungsleser lesen eben gerne **Kurioses** und **Sensationelles**. Alle wollen wissen, wann wer wo etwas **Besonderes** getan oder erlebt hat.

Wichtig für viele Zeitungsleser sind Meldungen aus dem Sport. Andere beachten die Sportseite überhaupt nicht und lesen lieber einen Artikel, wie gut der Dirigent in der Oper dirigiert hat.

Aber nicht jeder, der in der Zeitung schreibt, hat auch immer **Recht (recht)**. Jede Zeitung gibt, besonders bei politischen Meldungen, nur bestimmte Meinungen wieder. Wer sich ein eigenes Bild machen möchte, muss **manchmal** mehrere Zeitungen lesen.

Wörter: 206

Notizen:
_____

Ü Setze die fehlenden Wörter ein.

Der _____ einer Aktie wird an der Börse festgelegt. (WERT)

Das Ereignis ist keiner Nachricht _____. (WERT)

In der Zeitung steht das, was _____ ist. (WICHTIG)

In der Zeitung steht alles wirklich _____. (WICHTIGE)

Die Nachricht ist nicht _____ wichtig. (BESONDERS)

Alle wollen wissen, wer etwas _____ getan hat. (BESONDERES)

Getrennt- und Zusammenschreibung

Wortgruppe oder Zusammensetzung?

R Bei der Getrennt- und Zusammenschreibung von Wörtern, die in einem Text unmittelbar nebeneinanderstehen, ist zu unterscheiden, ob es sich um eine Wortgruppe oder um eine Zusammensetzung handelt. Wörter, die eine Wortgruppe bilden, werden getrennt geschrieben. Zusammensetzungen aus Wörtern schreibt man entsprechend zusammen.
In einigen Fällen können Wörter, die im Satz nebeneinanderstehen, eine Wortgruppe oder eine Zusammensetzung bilden. Dieses hängt davon ab, wie der Ausdruck gemeint ist.

BEISPIEL
Wortgruppe: Du kannst mich *zu jeder Zeit* besuchen.
Zusammensetzung: Du kannst mich *jederzeit* besuchen.

Wortgruppe: Nach der Operation kann er *wieder sehen*.
Zusammensetzung: Ich würde dich so gern *wiedersehen*.

Zusammengesetzte Wörter

R Es gibt zahlreiche Wörter in der deutschen Sprache, die aus mehreren Einzelwörtern zusammengesetzt sind. Sie werden zusammengeschrieben. Man nennt diese Wörter Komposita (Einzahl: das Kompositum).
Jedes zusammengesetzte Wort besteht aus einem Grundwort und einem Bestimmungswort. Das Grundwort steht an letzter Stelle, von ihm hängt ab, zu welcher Wortart die Zusammensetzung gehört.

BEISPIEL
Auto + *Reifen:* *Autoreifen*
Bestimmungswort Grundwort Nomen
(Nomen)

Haus + *hoch:* *haushoch*
Bestimmungswort Grundwort Adjektiv
(Adjektiv)

1. Zusammensetzungen aus Nomen/Substantiv + Nomen/Substantiv

Pech + Vogel: Pechvogel
Klasse + Zimmer: Klassenzimmer
Tor + Einfahrt: Toreinfahrt
Schiff + Fahrt: Schifffahrt (auch: Schiff-Fahrt)
Goethe + Gedicht: Goethegedicht

2. Zusammensetzungen aus Nomen/Substantiv + Adjektiv

Riese + groß: riesengroß
Meile + weit: meilenweit
Sport + begeistert: sportbegeistert

3. Zusammensetzungen aus Adjektiv + Nomen/Substantiv

kurz + Schluss: Kurzschluss
leicht + Athletin: Leichtathletin
klein + Wagen: Kleinwagen

4. Zusammensetzungen aus Adjektiv + Adjektiv

feucht + kalt: feuchtkalt
gelb + rot: gelbrot
lau + warm: lauwarm

5. Zusammensetzungen aus Verb + Nomen/Substantiv

backen + Stube: Backstube
laufen + Schuhe: Laufschuhe
spielen + Platz: Spielplatz

6. Zusammensetzungen aus Pronomen + Nomen/Substantiv

ich + Erzählung: Icherzählung (auch: Ich-Erzählung)
wem + Fall: Wemfall
niemand + Land: Niemandsland

7. Zusammensetzungen aus Adverb + Nomen/Substantiv

jetzt + Zeit: Jetztzeit
morgen + Land: Morgenland

Verbindungen mit einem Verb als zweitem Bestandteil

Bei einer Verbindung mit einem Verb als zweitem Bestandteil muss man unterscheiden, ob es sich um eine sogenannte untrennbare oder trennbare Verbindung handelt.

Untrennbare Verbindungen

> **R** Verben können mit anderen Wortarten (Nomen/Substantiven, Adjektiven, Präpositionen, Adverbien) Zusammensetzungen bilden, die untrennbar sind. Das bedeutet, dass die Reihenfolge der Bestandteile in allen gebeugten Formen gleich bleibt. Diese Verbindungen schreibt man immer zusammen.

BEISPIEL *schlussfolgern, ich schlussfolgere, sie hat geschlussfolgert*
sich langweilen, ich langweile mich, sie hat sich gelangweilt
widersprechen, ich widerspreche, ich habe widersprochen

R In einigen Fällen, in denen ein Nomen/Substantiv mit einem Verb verbunden ist, kannst du den jeweiligen Ausdruck auch als Wortgruppe ansehen und getrennt schreiben.

BEISPIEL *gewährleisten/Gewähr leisten: ich gewährleiste – ich leiste Gewähr*
danksagen/Dank sagen: ich danksage – ich sage Dank
staubsaugen/Staub saugen: ich staubsauge – ich sauge Staub

Trennbare Verbindungen

R Verben können mit anderen Wortarten (Partikeln, Adjektive, Nomen/Substantive) Zusammensetzungen bilden, die nur im Infinitiv, im Partizip I und II und bei Endstellung im Gliedsatz/Nebensatz ihre Reihenfolge behalten und zusammengeschrieben werden. Man spricht dabei von trennbaren Verbindungen.

BEISPIEL *gleiche Reihenfolge:*   *einführen* (Infinitiv), *die einführenden Worte* (Partizip I), *das eingeführte Buch* (Partizip II); *es gefiel mir, wie sie in das Problem einführte* (Endstellung im Gliedsatz)

veränderte Reihenfolge: *ich führe ein*

BEISPIEL *gleiche Reihenfolge:*   *fernsehen; fernsehend; ferngesehen; ich will nicht, dass du fernsiehst;*

veränderte Reihenfolge: *ich sehe fern*

Es gibt insgesamt ca. 90 Partikeln (vor allem Präpositionen und Adverbien), die mit Verben Zusammensetzungen bilden können. Die folgenden Wörter werden besonders häufig verwendet:

ab, abhanden, abwärts, an, aus, auseinander, davon, davor, dazu, dazwischen, drauflos, durch, ein, empor, entgegen, entzwei, fort, gegenüber, her, herab, herauf, herum, herunter, hinauf, hinaus, hindurch, hinterher, hinzu, mit, nebenher, nieder, rückwärts, über, umher, vor, voran, voraus, vorbei, vorher, vorlieb, vorwärts, vorweg, weg, weiter, wieder, zu, zurecht, zurück, zusammen, zuvor

> **R** Bei einigen Verbindungen mit den zuvor aufgelisteten Bestandteilen ergibt sich erst aus dem Zusammenhang, ob es sich um eine Wortgruppe, also eine Gruppe eigenständiger Wörter, oder um eine Zusammensetzung handelt.
>
> **Ein Tipp:** Bei einer Wortgruppe liegt die Betonung oft auf beiden Wörtern, bei einer Zusammensetzung auf dem ersten Bestandteil.
> Im Zweifelsfall solltest du immer nachschlagen.

BEISPIEL

Zusammensetzung	Wortgruppe
• Ich möchte dein Vertrauen _wiederge_-winnen (zurückgewinnen).	• Ich glaube, unser Verein wird heute _wieder_ (noch einmal) _gewinnen_.
• Er ist noch einmal _davon_gekommen.	• Die Erkältung ist _davon gekommen_, dass ich mich nicht vor dem Regen geschützt habe.
• Du wirst an deinem neuen Arbeitsplatz _zurecht_kommen.	• Zu _Recht bekommst_ du diese Auszeichnung.

> **R** Stehen gebeugte Verben, die mit den Wörtern aus der Liste auf S. 93 unten zusammengesetzt sind, an erster Stelle im Satz, werden die Bestandteile getrennt geschrieben.

BEISPIEL *Wann wird er wieder herauskommen?*
Heraus kommt er erst dann, wenn die Bedingungen erfüllt sind.

Verbindungen aus einem Adjektiv und einem Verb

> **R** Verbindungen aus einem Adjektiv und einem Verb werden zusammengeschrieben, wenn eine neue Gesamtbedeutung entsteht.

BEISPIEL *Der Angeklagte wurde vom Vorwurf des Betrugs freigesprochen.*
aber
Bei einem Referat solltest du frei sprechen.

R Verbindungen aus einem Verb und einem vorangestellten Adjektiv können sowohl zusammen- als auch getrennt geschrieben werden, wenn das Adjektiv ein Ergebnis des im Verb ausgedrückten Vorgangs bezeichnet.

BEISPIEL kaputtmachen/kaputt machen, leeressen/leer essen, kleinschneiden/klein schneiden, glatthobeln/glatt hobeln, blankputzen/blank putzen

Verbindungen aus einem Nomen/Substantiv und einem Verb

R Verbindungen aus einem Nomen/Substantiv und einem Verb bilden in der Regel eine Wortgruppe und werden getrennt geschrieben.

BEISPIEL Rad fahren, Ski laufen, Urlaub machen

R Wird eine Verbindung aus einem Nomen/Substantiv wie ein Adjektiv gebraucht, kann getrennt oder zusammengeschrieben werden. Der Ausdruck bildet in diesem Fall oft ein Attribut oder Prädikativum. Das Attribut bestimmt ein Nomen/Substantiv näher; das Prädikativum steht immer zusammen mit dem Hilfsverb *sein* und bestimmt das Subjekt eines Satzes näher.

BEISPIEL *Im Urlaub möchte ich gern Ski laufen.*
Österreich gehört zu den Ski laufenden/skilaufenden Nationen. (Adjektivischer Gebrauch, Attribut zu dem Nomen/Substantiv „Nationen")
Wenn Stoffe Krebs erzeugen, müssen sie verboten werden.
Immer häufiger werden Krebs erzeugende/krebserzeugende Stoffe verboten. (Adjektivischer Gebrauch, Attribut zu dem Nomen/Substantiv „Stoffe")
Dieser Stoff ist Krebs erzeugend/krebserzeugend. (Adjektivischer Gebrauch, Prädikativum zu dem Subjekt „Stoff")

R Verbindungen aus einem ehemaligen Nomen/Substantiv und einem Verb werden zusammengeschrieben, wenn das Nomen/Substantiv seine eigenständige Bedeutung verloren hat. In vielen Fällen kannst du vor ein solches Nomen/Substantiv nicht das Wort *kein* setzen.

BEISPIEL eislaufen, kopfstehen, leidtun, heimkehren, nottun, standhalten, stattfinden, teilhaben, teilnehmen
Er fährt Auto – Er fährt kein Auto. (Auto fahren = Wortgruppe)
Er steht kopf – Nicht: *Er steht keinen Kopf.* (kopfstehen = Zusammensetzung)

Getrennt- und Zusammenschreibung

> **R** In einigen Fällen ist es freigestellt, ob Verbindungen aus einem Nomen/Substantiv und einem Verb getrennt oder zusammengeschrieben werden.

BEISPIEL *Acht geben/achtgeben, Halt machen/haltmachen, Maß halten/maßhalten, Staub saugen/staubsaugen*

> **R** Werden Verbindungen aus einem Nomen/Substantiv und einem Verb zu einem Nomen/Substantiv, also nominalisiert, wird in jedem Fall groß- und zusammengeschrieben.

BEISPIEL *Er verletzte sich beim Fußballspielen.* (Nominalisierung)
Sie drückte sich vor dem Staubsaugen. (Nominalisierung)

Verbindungen aus zwei Verben

> **R** Verbindungen aus zwei Verben werden in der Regel getrennt geschrieben.

BEISPIEL *laufen lernen, schwimmen gehen, schreiben üben*
In welchem Alter hast du lesen gelernt?

> **R** Bei einer Verbindung mit den Verben *bleiben* und *lassen* kannst du auch zusammenschreiben, wenn sich eine neue Bedeutung ergibt. Das gilt auch für die Verbindung *kennen lernen/kennenlernen*.
> Die Getrenntschreibung von zwei Verben ist aber in jedem Fall auch richtig.

BEISPIEL *Er ist auf einer Bank sitzen geblieben.* (Ausschließlich Getrenntschreibung)
Er ist in der Schule sitzen geblieben/sitzengeblieben. (Übertragene Bedeutung)

Verbindungen mit dem Hilfsverb *sein*

> **R** Verbindungen mit dem Hilfsverb *sein* stellen eine Wortgruppe dar und werden deshalb immer getrennt geschrieben. Das gilt auch für Verbindungen mit dem Partizip I oder II des Hilfsverbs *sein*.

Getrennt- und Zusammenschreibung

BEISPIEL da sein, da gewesen, fertig sein, hinüber sein, los sein, vorbei sein, zurück sein
Ich werde da sein, wenn du mich brauchst.

Verbindungen mit einem Adjektiv oder Partizip als zweitem Bestandteil

Adjektive und Partizipien können mit anderen Wortarten wie Nomen/Substantiv, Adjektiv, Verb oder Adverb Zusammensetzungen bilden. Im Einzelnen gilt:

Verkürzte Wortgruppen

R Kann der erste Bestandteil einer Verbindung mit einem Adjektiv oder Partizip mit einer Wortgruppe umschrieben werden, wird zusammengeschrieben.

BEISPIEL

Zusammensetzung	Wortgruppe
fingerdick	einen Finger dick
jahrelang	mehrere Jahre lang
herzerquickend	das Herz erquickend

Verbindungen mit Bestandteilen, die nicht allein vorkommen

R Verbindungen mit Bestandteilen, die nicht allein vorkommen, werden immer zusammengeschrieben.

BEISPIEL kleinwüchsig, großzügig, hartherzig, einfach, kleinschrittig

Verbindungen aus gleichrangigen Adjektiven

R Verbindungen aus gleichrangigen Adjektiven werden zusammengeschrieben.

BEISPIEL taubstumm, nasskalt, graublau

Verbindungen mit bedeutungsverstärkenden Bestandteilen

R Adjektive, die mit bedeutungsverstärkenden Bestandteilen verbunden werden, werden zusammengeschrieben. Dazu gehören Bestandteile wie *bitter-*, *brand-*, *dunkel-*, *extra-*, *hyper-*, *lau-*, *stock-*, *super-*, *tod-*, *ultra-*, *ur-*, *voll-*.

BEISPIEL *bitterböse, dunkelrot, extradünn, superschlank, hypermodern*

Partizipien aus zusammengesetzten Verben

R Partizipien, die aus zusammengesetzten Verben gebildet werden, schreibt man ebenfalls zusammen.

BEISPIEL *schlafwandelnd* (Infinitiv: *schlafwandeln*), *heimgesucht* (Infinitiv: *heimsuchen*), *herabgestiegen* (Infintiv: *herabsteigen*)

Weitere Regeln zur Verbindung mit einem Partizip

R In einigen Fällen kann eine Verbindung mit einem Partizip sowohl als Zusammensetzung als auch als Wortgruppe angesehen werden. Das gilt für den Fall, dass die Verbindung adjektivisch (z. B. als Prädikativum oder als Attribut) gebraucht wird. Hier ist die Schreibweise freigestellt (s. auch S. 95).

BEISPIEL *die Bus fahrenden/busfahrenden Schüler* (Attribut)
ein klein geschnittener/kleingeschnittener Apfel (Attribut)
ein selbst geschriebenes/selbstgeschriebenes Gedicht (Attribut)
Dieses Gedicht ist selbst geschrieben/selbstgeschrieben. (Prädikativum)

R Freigestellt ist die Schreibweise auch, wenn dem Partizip (oder Adjektiv) ein einfaches Adjektiv vorausgeht, das die Bedeutung abstuft (abschwächt oder verstärkt).

BEISPIEL *eine allgemein gültige/allgemeingültige Regel*
ein schwer verständlicher/schwerverständlicher Text
ein leicht behindertes/leichtbehindertes Mädchen
ein schwer kranker/schwerkranker Junge

Getrennt- und Zusammenschreibung

> **R** Ist der erste Bestandteil jedoch gesteigert oder erweitert, wird getrennt geschrieben.

BEISPIEL *ein sehr schwer verständlicher Text*
ein leichter behindertes Mädchen

> **R** Verbindungen der Partikel *nicht* mit einem Adjektiv können getrennt oder zusammengeschrieben werden.

BEISPIEL *eine nicht genehmigte/nichtgenehmigte Versammlung*

Zusammen oder getrennt? – Weitere Wortarten

Im Folgenden werden einige weitere Regeln zur Zusammen- und Getrenntschreibung aufgelistet. Es geht vor allem um Pronomen, Präpositionen, Adverbien und Konjunktionen, die aus mehreren Bestandteilen bestehen.

Verbindungen mit dem Bestandteil *irgend-*

> **R** Pronomen mit dem Bestandteil *irgend-* werden zusammengeschrieben.

BEISPIEL *irgendwer, irgendwie, irgendjemand, irgendetwas*
 aber
 irgend so einer

Adverbial gebrauchte Verbindungen

> **R** Mehrteilige Adverbien werden zusammengeschrieben, wenn die Wortart, die Wortform oder die Bedeutung der einzelnen Bestandteile nicht mehr klar erkennbar ist.

BEISPIEL *bergab, kopfüber, infolgedessen, umständehalber, diesmal, keinmal, allerorten, seitwärts, nichtsdestoweniger*

Getrennt- und Zusammenschreibung

> **R** In einigen Fällen ist es freigestellt, adverbial gebrauchte Verbindungen getrennt oder zusammenzuschreiben.

> **BEISPIEL** *außerstande sein/außer Stande sein, infrage stellen/in Frage stellen, zugrunde gehen/zu Grunde gehen, zuhause bleiben/zu Hause bleiben, zuleide tun/zu Leide tun, zumute sein/zu Mute sein, zurande kommen/zu Rande kommen, zuschulden kommen lassen/zu Schulden kommen lassen, zustande bringen/zu Stande bringen*

> **R** Ist die Wortart, Wortform oder die Bedeutung solcher adverbial gebrauchten Ausdrücke deutlich erkennbar, wird getrennt geschrieben.

> **BEISPIEL** *zu Ende gehen, zu Fuß kommen, zu Hilfe kommen, zu Schaden kommen, zu Wasser und zu Lande, darüber hinaus, nach wie vor, vor allem*

Mehrteilige Präpositionen

> **R** Mehrteilige Verbindungen, die als Präposition verwendet werden, werden zusammengeschrieben, wenn die einzelnen Bestandteile ihre eigene Bedeutung verloren haben.

> **BEISPIEL** *inmitten von, infolge von, anhand der, anstatt des*

> **R** In einigen Fällen ist die Schreibweise mehrteiliger präpositionaler Ausdrücke freigestellt.

> **BEISPIEL** *anstelle/an Stelle, aufgrund/auf Grund, aufseiten/auf Seiten, mithilfe/mit Hilfe, vonseiten/von Seiten, zugunsten/zu Gunsten, zulasten/zu Lasten, zuungunsten/zu Ungunsten*

Verbindungen mit den Partikeln *so, zu, wie*

> **R** Verbindungen der Partikeln *so, wie, zu* mit unbestimmten Zahlwörtern oder Adjektiven werden getrennt geschrieben.

> **BEISPIEL** *so viel Arbeit, wie viele Stunden, zu weit gehen*
> *Es ist in der Zwischenzeit so viel geschehen.*

Getrennt- und Zusammenschreibung

> **R** Konjunktionen mit der Partikel *so* werden zusammengeschrieben.
> Die Konjunktion *sodass/so dass* kann getrennt oder zusammengeschrieben werden.

BEISPIEL *Es ist, soweit (soviel) ich weiß, nicht erlaubt.*
Sie kommt, sobald es geht.
Es regnet, sodass/so dass der Boden sich erholen kann.

Verbindungen mit den Bestandteilen *gar* und *überhaupt*

> **R** Verbindungen mit den Bestandteilen *gar* und *überhaupt* werden getrennt geschrieben.

BEISPIEL *gar nicht, gar kein, gar sehr, überhaupt nicht*

Getrennt- und Zusammenschreibung

KURZDIKTATE

1 Harsch

Frisch gefallener/Frischgefallener Schnee kann unter der Wärme der Sonne an seiner Oberfläche ein wenig schmelzen. Nachts gefriert er dann wieder. Wenn sich dieser Vorgang mehrmals in einem Winter wiederholt, bildet sich an der Oberfläche der Schneemasse eine festere, krustige Schicht. Diese Schicht nennt man Harsch, genauer auch Sonnenharsch.

> **R** *frisch gefallen/frischgefallen:* Eine Verbindung mit einem Partizip kann sowohl als Zusammensetzung als auch als Wortgruppe angesehen werden, wenn der Ausdruck adjektivisch (z. B. als Prädikativum oder als Attribut) gebraucht wird. Die Schreibweise ist freigestellt.

2 Sammler

Die Menschen, die die primitivste Wirtschaftsform betreiben, indem sie einfach Nahrung sammelten, nennt man Sammler. Fast bis zum Ende der Steinzeit suchten sich die Sammler, was sie zum Leben brauchten, in der Natur zusammen: Früchte, die Wurzeln **wild wachsender/wildwachsender** Pflanzen, in seltenen Fällen auch kleinere Landtiere oder Fische.

> **R** *wild wachsend/wildwachsend:* Eine Verbindung mit einem Partizip kann sowohl als Zusammensetzung als auch als Wortgruppe angesehen werden, wenn der Ausdruck adjektivisch (z. B. als Prädikativum oder als Attribut) gebraucht wird. Die Schreibweise ist freigestellt.

3 Die See oder der See?

Das Wort See hat in unserer Sprache zwei Bedeutungen: Die See ist der Ozean, der See jedoch ein kleineres, stehendes Gewässer im Binnenland. **Streng genommen/strenggenommen** steht mancher See **gar nicht**, weil ein Fluss hindurchfließt; wir merken es nur nicht.

> **R** *streng genommen/strenggenommen:* Eine Verbindung mit einem Partizip kann sowohl als Zusammensetzung als auch als Wortgruppe angesehen werden, wenn der Ausdruck adjektivisch (z. B. als Prädikativum, Adverbiale oder als Attribut) gebraucht wird. Die Schreibweise ist freigestellt.

> **R** *gar nicht:* Verbindungen mit dem Bestandteil *gar* werden immer getrennt geschrieben.

4 Urlaubsvorbereitungen

Eine mehrtägige Hüttenwanderung in den Alpen muss peinlich genau vorbereitet werden, damit später alles richtig gut klappt. Das Gewicht des Rucksacks muss dem Träger oder der Trägerin angepasst werden. Genau zu überlegen ist, **wie viel** Proviant man mitnimmt, da die Verpflegung auf den Hütten sehr teuer sein kann.

Getrennt- und Zusammenschreibung 103

- R *wie viel:* Verbindungen der Wörter *so, wie, zu* mit unbestimmten Zahlwörtern, Adjektiven und anderen Wortarten schreibt man getrennt.

- R Konjunktionen wie *soviel, soweit, sofern* werden jedoch zusammengeschrieben.

5 Satellit

Mit dem Wort „Satellit" bezeichnet man in der Astronomie nicht die künstlichen Apparate, die der Mensch in eine Umlaufbahn um die Erde schickt. Es bedeutet vielmehr **so viel** wie Mond.

- R *so viel:* Verbindungen der Wörter *so, wie, zu* mit unbestimmten Zahlwörtern, Adjektiven und anderen Wortarten schreibt man getrennt.

- R Konjunktionen wie *soviel, soweit, sofern* werden jedoch zusammengeschrieben.

6 Schlot

Schlot nennt man die senkrechte Röhre in einem Vulkan, durch die das Magma aus dem Erdinnern nach oben schießt. Wenn der Vulkan nicht aktiv ist, füllt sich der Schlot mit Magmagestein. Beim nächsten Vulkanausbruch drückt dann das flüssige Magma die Schlotfüllung **so lange** nach oben, bis das Lavagestein explosionsartig hinausgeschleudert wird und dem Magma den Weg **freimacht/frei macht**. Für viele ist dieses ein grandioses Naturschauspiel, **sofern** man nicht unmittelbar davon betroffen ist.

- R *so lange:* Verbindungen der Wörter *so, wie, zu* mit unbestimmten Zahlwörtern, Adjektiven und anderen Wortarten schreibt man getrennt.

- R *sofern:* Konjunktionen wie *soviel, soweit, sofern* werden jedoch zusammengeschrieben.

- R *freimachen/frei machen:* Verbindungen aus einem Adjektiv und einem Verb können getrennt geschrieben oder zusammengeschrieben werden, wenn das Adjektiv ein Ergebnis des im Verb ausgedrückten Vorgangs bezeichnet. Verbindungen aus einem Adjektiv und einem Verb werden zusammengeschrieben, wenn eine neue Gesamtbedeutung entsteht.

7 Referate

Ein gutes Referat setzt eine gründliche Vorarbeit voraus. Wichtig ist, dass man während des Vortrags **frei spricht** und immer wieder Kontakt zum Publikum aufnimmt. Am Ende kann ein Fragebogen ausgeteilt werden, den die Zuhörer ausfüllen müssen, um zu dokumentieren, dass sie aufgepasst haben. Geht es um einen **schwer verständlichen/schwerverständlichen** Sachverhalt, sollte unbedingt Anschauungsmaterial bereitgehalten werden.

- R *frei sprechen:* Verbindungen aus einem Adjektiv und einem Verb werden nur dann zusammengeschrieben, wenn eine neue Gesamtbedeutung entsteht. Das ist hier nicht der Fall.

> **R** *schwer verständlich/schwerverständlich:* Geht einem Partizip (oder Adjektiv) ein einfaches Adjektiv voraus, das die Bedeutung abstuft (abschwächt oder verstärkt), kann getrennt oder zusammengeschrieben werden.

8 Kinder brauchen Bewegung

Kinder können nicht über einen längeren Zeitraum **still stehen**. Ihr Bewegungsdrang verleitet sie dazu, auf Reize der Außenwelt zu reagieren. Wahrscheinlich fällt es deshalb vielen Kindern auch so schwer, im Unterricht **still zu sitzen**.

> **R** *still stehen, still zu sitzen:* Verbindungen aus einem Adjektiv und einem Verb werden nur dann zusammengeschrieben, wenn eine neue Gesamtbedeutung entsteht. Das ist hier nicht der Fall.

9 Ruhrgebiet

Beinahe alle Zechen des Ruhrgebiets sind im Verlauf der letzten Jahrzehnte **stillgelegt** worden. Man spricht auch vom großen Zechensterben. Einerseits hat dieses zum Abbau vieler Arbeitsplätze geführt, andererseits ist die Atemluft dadurch wesentlich verbessert worden und die Lebensqualität hat erheblich gewonnen.

> **R** *stilllegen* (schließen): Verbindungen aus einem Adjektiv und einem Verb werden zusammengeschrieben, wenn eine neue Gesamtbedeutung entsteht.

10 Campingurlaub

Wenn du im Urlaub viele Menschen **kennen lernen/kennenlernen** möchtest, musst du auf einen Campingplatz fahren. Menschen, die diese Art des Urlaubs bevorzugen, sind oft besonders aufgeschlossen. Wenn du jedoch den ganzen Tag im Zelt **liegen bleibst**, hast du natürlich keine Chance, Kontakte zu knüpfen.

> **R** *liegen bleiben:* Verbindungen aus zwei Verben werden in der Regel getrennt geschrieben.

> **R** *kennen lernen/kennenlernen:* Die Verbindung *kennen lernen/kennenlernen* kann man getrennt oder zusammenschreiben.

11 Kein Beinbruch

Natürlich ist es nicht gerade erfreulich, wenn jemand am Ende eines Schuljahres **sitzen bleibt/sitzenbleibt**. Es gibt jedoch überhaupt keinen Grund, den Kopf **hängen zu lassen**. Die Wiederholung eines Schuljahres sagt nichts über den weiteren schulischen oder beruflichen Erfolg des Betroffenen aus.

> **R** *sitzen bleiben/sitzenbleiben:* Verbindungen aus zwei Verben werden in der Regel getrennt geschrieben. Entsteht bei einer Verbindung mit den Verben *bleiben* und *lassen* eine neue Bedeutung, kann auch zusammengeschrieben werden.

Getrennt- und Zusammenschreibung

> **R** *hängen zu lassen* (den Kopf): Verbindungen aus zwei Verben werden in der Regel getrennt geschrieben.

12 Taxi am Abend

Wer nach einem Restaurant- oder Theaterbesuch sicher und rechtzeitig **zurück sein** will, sollte vorher ein Taxi bestellen. Es wird dann zum richtigen Zeitpunkt **da sein** und eine entspannte Rückfahrt garantieren.

> **R** *zurück sein, da sein:* Verbindungen mit dem Hilfsverb *sein* werden immer getrennt geschrieben.

13 Satirisch

Als deutscher Tourist im Ausland steht man vor der Frage, ob man sich anständig benehmen muss(,) oder ob schon deutsche Touristen **da gewesen** sind.
(Kurt Tucholsky)

> **R** *da gewesen:* Verbindungen mit dem Hilfsverb *sein* werden immer getrennt geschrieben.

14 Trotzdem verkehrssicher

Weißt du, dass du nach dem Genuss von Obst Alkohol im Blut hast? Wenn du am Abend einen Apfel, eine Banane, eine Birne oder ein paar Datteln oder Feigen isst, hast du am anderen Morgen nach acht Stunden Schlaf ein klein wenig Alkohol im Blut. Er entsteht durch einen Gärungsvorgang im Magen, bei dem sich der Zuckergehalt der Früchte in Alkohol umwandelt. Aber keine Panik! Du kannst noch gefahrlos **Rad fahren** oder **Ski laufen**. Die Alkoholmenge ist so gering, dass Messgeräte sie nicht registrieren können.

> **R** *Rad fahren, Ski laufen:* Verbindungen aus einem Nomen/Substantiv und einem Verb werden in der Regel getrennt geschrieben.

15 Winterwandertag

Zahlreiche Schulklassen verbringen ihren Winterwandertag damit(,) **eiszulaufen**. Dabei ist unbedingt auf geeignete Kleidung zu achten. Manchem hat es schon **leidgetan**, dass er zwar im „angesagten Outfit" über die Bahn gefegt ist, später jedoch **schwer krank/schwerkrank** für Wochen das Bett hüten musste. Einige Schulen sind im Übrigen bereits dazu übergegangen, eine Helmpflicht zu verlangen.

> **R** *eislaufen, leidtun:* Verbindungen aus einem ehemaligen Nomen/Substantiv und einem Verb werden zusammengeschrieben, wenn das Nomen/Substantiv seine eigenständige Bedeutung verloren hat. In vielen Fällen kann man vor ein solches Nomen/Substantiv nicht das Wort *kein* setzen.

> **R** *schwer krank/schwerkrank:* Geht einem Partizip oder Adjektiv ein einfaches Adjektiv voraus, das die Bedeutung abstuft (abschwächt oder verstärkt), kann getrennt oder zusammengeschrieben werden.

16 Gefahren im Gebirge

Wenn im Gebirge unterschiedliche Wetterfronten **aufeinanderstoßen**, kann es für Bergsteiger zu riskanten und lebensgefährlichen Situationen kommen. Oft ist es sinnvoll, rechtzeitig **abwärtszusteigen**, auch wenn dadurch ehrgeizige Pläne **zunichtegemacht** werden.

> **R** *aufeinanderstoßen, abwärtssteigen, zunichtemachen:* Verben können mit anderen Wortarten (Partikeln, Adjektive, Nomen/Substantive) Zusammensetzungen bilden, die nur im Infinitiv, im Partizip I und II und bei Endstellung im Gliedsatz/Nebensatz ihre Reihenfolge behalten und zusammengeschrieben werden. Man spricht dabei von trennbaren Verbindungen.

17 Himmelsfarbe

Der unbewölkte Himmel erscheint dem menschlichen Auge am Tag blau. Die Ursache dafür ist das Sonnenlicht. Es besteht, wie man am Regenbogen sehen kann, aus vielen Farben. Der Dunst in der Atmosphäre hat nun die Eigenschaft, die blauen Anteile des Sonnenlichts zu streuen. Aus diesem Grund erscheint uns die Sonne eher **gelbrot**, der Himmel dagegen blau.

> **R** *gelbrot:* Verbindungen aus gleichrangigen Adjektiven schreibt man zusammen.

18 Schwarzerde

Der Boden in großen Teilen der Steppe ist einer der fruchtbarsten Böden überhaupt. Er reicht tief hinab, ist locker, gut durchlüftet und durchfeuchtet und hat ein sehr ausgeglichenes Angebot an Nährstoffen. In seiner oberen Schicht zeigt dieser Boden je nach Wasser und Humus eine **dunkelgraue** bis **tiefschwarze** Farbe.

> **R** *dunkelgrau, tiefschwarz:* Verbindungen aus gleichrangigen Adjektiven schreibt man zusammen.

19 Aberglaube?

Vor allem in **lauwarmen** Nächten im August kann man viele Kometen sehen. Nach einem **uralten** Brauch darf derjenige sich etwas wünschen, der einen Kometen erblickt. Man sollte jedoch nicht **todtraurig** werden, wenn der Wunsch nicht in Erfüllung geht.

> **R** *lauwarm, uralt, todtraurig:* Adjektive, die mit bedeutungsverstärkenden oder abschwächenden Bestandteilen verbunden werden, werden zusammengeschrieben.

20 Sandsturm

Ein Sandsturm kommt meist nur in trockenen Wüsten oder Steppen vor, wirbelt **tagelang** große Mengen Sand auf und schleppt sie **kilometerweit** mit sich. Er kommt besonders häufig im Frühjahr und im Sommer und dann oft aus westlicher

Richtung. Er ist bei allen Wüstenbewohnern sehr gefürchtet, weshalb er zum Beispiel in der arabischen Wüste „Giftwind" heißt.

> **R** *tagelang (mehrere Tage lang), kilometerweit (viele Kilometer weit):* Kann der erste Bestandteil einer Verbindung mit einem Adjektiv oder Partizip zu einer Wortgruppe erweitert werden, schreibt man zusammen.

21 Welche Schnecke kann am besten riechen?

Die **daumengroße** Netzreuse ist eine **Fleisch fressende/fleischfressende** Wasserschnecke, die am liebsten Aas frisst. Verwesendes Fleisch kann sie unter Wasser auf eine Entfernung von vierzig Metern erschnuppern.

> **R** *daumengroß (groß wie ein Daumen):* Kann der erste Bestandteil einer Verbindung mit einem Adjektiv oder Partizip zu einer Wortgruppe erweitert werden, schreibt man zusammen.

> **R** *Fleisch fressend/fleischfressend:* Eine Verbindung mit einem Partizip kann sowohl als Zusammensetzung als auch als Wortgruppe angesehen werden, wenn der Ausdruck adjektivisch (z. B. als Prädikativum, Adverbiale oder als Attribut) gebraucht wird. Die Schreibweise ist freigestellt.

22 Gefährliche Stoffe

Vor allem in den Sechziger- und Siebzigerjahren wurden beim Bau von Häusern einige **Krebs erzeugende/krebserzeugende** Substanzen verwendet. Diese Substanzen dünsten **jahrelang** aus, sodass (so dass) ein Austausch der entsprechenden Materialien dringend erforderlich ist.

> **R** *jahrelang (viele/mehrere Jahre lang):* Kann der erste Bestandteil einer Verbindung mit einem Adjektiv oder Partizip zu einer Wortgruppe erweitert werden, schreibt man zusammen.

> **R** *Krebs erzeugend/krebserzeugend:* Eine Verbindung mit einem Partizip kann sowohl als Zusammensetzung als auch als Wortgruppe angesehen werden, wenn der Ausdruck adjektivisch (z. B. als Prädikativum, Adverbiale oder als Attribut) gebraucht wird. Die Schreibweise ist freigestellt.

23 Ein Irrtum der Wissenschaft

Irgendjemand hat vor einigen Jahrzehnten herausgefunden, dass Spinat über einen besonders hohen Eisenanteil verfügt. Dieses Ergebnis ist heute jedoch wissenschaftlich nicht mehr akzeptabel. Ihm liegt ein einfacher Rechenfehler zugrunde (zu Grunde).

> **R** *irgendjemand:* Verbindungen mit *irgend-* werden zusammengeschrieben.

25 Recycling

Recycling funktioniert am besten, wenn Müll bereits im Haushalt vorsortiert wird in Glas, Papier, organischen Müll (Kompost) und in **wiederverwertbare/wieder verwertbare** Stoffe aus Metall und Kunststoff. Der **nicht brauchbare/nichtbrauchbare** Rest wird verbrannt oder deponiert, das heißt, er wird vergraben.

> **R** *wiederverwerten/wieder verwerten:* Verben können mit anderen Wortarten verbunden werden. Liegt die Betonung deutlich auf dem ersten Bestandteil, wird in der Regel zusammengeschrieben. Können beide Bestandteile betont werden, kann auch getrennt geschrieben werden. Das ist hier der Fall.

> **R** *nicht brauchbar/nichtbrauchbar:* Verbindungen der Partikel *nicht* mit einem Adjektiv können getrennt oder zusammengeschrieben werden.

25 Winterurlaub

Viele Holländer fahren im Winter **zum Skilaufen** mit dem Auto ins Sauerland, weil sie dort gute Wintersportbedingungen vorfinden(,) und weil die Anreise sehr kurz ist. Die Bewohner dieser Region sind einerseits über dieses Freizeitverhalten erfreut, weil auf diesem Weg Arbeitsplätze geschaffen werden. Andererseits stellen die zahlreichen **Auto fahrenden/autofahrenden** Touristen auch eine Umweltbelastung dar.

> **R** *zum Skilaufen:* Werden Verbindungen aus einem Nomen/Substantiv und einem Verb zu einem Nomen/Substantiv, also nominalisiert, wird groß- und zusammengeschrieben.

> **R** *Auto fahrende/autofahrende* Touristen: Eine Verbindung mit einem Partizip kann sowohl als Zusammensetzung als auch als Wortgruppe angesehen werden, wenn der Ausdruck adjektivisch (z.B. als Prädikativum, Adverbiale oder als Attribut) gebraucht wird. Die Schreibweise ist freigestellt.

Getrennt- und Zusammenschreibung

T50 **Was ist ein Satellit?**

Satelliten sind kleine künstliche Himmelskörper, die auf der Erde **zusammengebaut** und von Raketen in den Himmel **hochgeschossen** werden. Sie **umkreisen** in großen Höhen die Erde. Satelliten dienen verschiedenen Zwecken. Nachrichtensatelliten sollen Funksignale **auffangen** und sie zur Erde **zurückwerfen**. Auf diese Weise können Telefongespräche rund um den Erdball **übertragen** werden(,) oder es werden Fernsehsendungen zur Erde **ausgestrahlt**.
Wettersatelliten beobachten das Wettergeschehen und melden Daten an die meteorologischen Stationen. Spionagesatelliten sollen scharfe Bilder von der Erdoberfläche **aufnehmen**. Sie können erkennen, ob sich **irgendwo** in abgelegenen Gebieten Fahrzeuge und Truppen sammeln.
Forschungssatelliten überliefern den Wissenschaftlern Informationen über Ereignisse wie Ausdehnung von Gletschern oder Wüsten.
Manche Satelliten haben leistungsfähige Teleskope eingebaut, denn vom Weltraum aus ist der Blick auf die Sterne nicht durch Dunst oder Staub in der Lufthülle behindert. Die Bilder werden als eine Art Fernsehbild auf die Erde übertragen.
Insgesamt sind Satelliten eine Investition, die großen **Gewinn bringt**.

Wörter: 154

Notizen:

_____

Ü Bilde Wortgruppen aus Nomen/Substantiv und Verb nach dem Muster „Gewinn bringen" und schreibe sie auf.

Not	fahren
Rad	leiden
Feuer	fangen
Rat	stehen
Schlange	suchen

Getrennt- und Zusammenschreibung

T₅₁ Leuchtende Tiefsee

Der amerikanische Biologe William Beebe war der Erste, dem es 1934 gelang, mit einer Taucherglocke bis auf eine Meerestiefe von 923 Metern **herabzusteigen**. Obwohl dieser Rekord inzwischen längst eingestellt ist, ist es noch immer **hochinteressant**, seine Schilderungen zu lesen.

Er war einer der Ersten, der ein breites Publikum mit den Schönheiten der Tiefseewelt **bekannt gemacht (bekanntgemacht)** hat. So berichtet er unter anderem von **hell leuchtenden (hellleuchtenden)** Fischen, die aus dem Dunkel der Tiefsee plötzlich **auftauchen**, den Betrachter förmlich blenden und **wieder verschwinden**.

Besonders die Tintenfische, die allerdings nicht zur Gattung der Fische, sondern zu den Weichtieren gehören, verfügen über eine Vielfalt an Lichtsignalen. So trägt einer von ihnen eine ganze Kette von Lampen, die **marineblau**, **rubinrot** und **himmelblau** leuchten. Ein anderer besitzt riesige Leuchtorgane am Kopf, die **sehr hell strahlen** wie ein Scheinwerfer. Derartige Lichtsignale erfüllen für die Tiere einen doppelten Zweck: Mit ihrer Blendwirkung schrecken sie den Feind ab, mit ihrer Leuchtkraft locken sie die Beute an.

Wörter: 158

Notizen:

_____
_____
_____
_____

Ü Formuliere mit eigenen Worten eine Regel, wann die Verbindung aus dem Adjektiv **hell** und dem Verb **leuchten** getrennt oder zusammengeschrieben werden kann.

_____
_____

Suche weitere Verben, die mit dem Adjektiv **hell** eine Wortgruppe bilden können.

hell: _____

_____

Getrennt- und Zusammenschreibung 111

T52 Müllverbrennung

Müllverbrennung ist keine harmlose Angelegenheit. Beim Verbrennen des Abfalls gelangen durch den Kamin **hochgiftige** Abgase in die Luft, die **so weit** wie möglich in Filtern und Rauchwaschanlagen **herausgefiltert** werden. Dennoch kommen immer noch Reste von gefährlichen Schadstoffen in die Luft, die **Krebs erregend (krebserregend)** sein können. Umweltschützer meinen deshalb, dass Verbrennungsanlagen das Müllproblem nicht lösen können. Besser wäre es, Müll von **vornherein** zu vermeiden.

Das englische Wort „Recycling" bedeutet wörtlich: in den Kreislauf **zurückführen**, also **wieder verwerten (wiederverwerten)**. Müll wird nach verschiedenen Grundstoffen getrennt, um dann zu neuen Rohstoffen **verarbeitet zu werden**. Alte Glasflaschen kann man **einschmelzen** und neues Glas daraus erzeugen. Aus Altpapier wird der Grundstoff für neues Papier. So muss man nicht **irgendwelche** Bäume fällen, um Holz für Papier zu haben. Recycling funktioniert am besten, wenn der Müll bereits im Haushalt **vorsortiert** wird in Glas, Papier, organischen Müll und in **wieder verwertbare (wiederverwertbare)** Stoffe aus Metall und Kunststoff. Der **nicht brauchbare (nichtbrauchbare)** Rest wird verbrannt oder deponiert, das heißt, er wird vergraben.

Wörter: 160

Notizen:
_____
_____
_____
_____
_____

Ü Schreibe möglichst viele Zusammensetzungen mit *irgend-* auf.
_____
_____
_____
_____
_____

Getrennt- und Zusammenschreibung

T53 Was bedeutet k.o.?

Boxen ist die einzige Sportart, in der es **darum geht**, den Gegner **kampfunfähig zu machen**. Ziel des Boxers ist es, den anderen nach **festgelegten** Regeln **zu verprügeln**, **sodass (so dass)** er nicht mehr **weitermachen** kann. Ein Sieg durch K.o. bedeutet, dass der Gegner nicht mehr **weiterboxen** kann. Er liegt **so lange** am Boden, bis der Ringrichter bis zehn gezählt hat. Wenn der **Niedergeschlagene** innerhalb dieser Frist nicht **aufstehen** kann oder nach dem Aufstehen nur mehr im Ring **herumtaumelt**, ist der Kampf zu Ende. K.o. kommt vom englischen Begriff „knock out", entscheidend besiegen. Bei einem technischen K.o. wird der Kampf vom Ringrichter **abgebrochen**, weil sich einer der Boxer eine Verletzung zugezogen hat. Manchmal zwingen solche Verletzungen einen Kämpfer auch zur **freiwilligen** Aufgabe. Wenn beide Kämpfer den Kampf **durchstehen**, geht er bei Profis über 12 oder 15 Runden. Punktrichter zählen mit, welcher Boxer seinen Gegner **wie oft** getroffen hat. Am Schluss werden die Punkte **zusammengezählt**(,) und der bessere Boxer wird zum Sieger erklärt.

Wörter: 164

Notizen:

_____

Schreibe die folgenden Sätze in richtiger Form auf.

Ü BoxenistdieeinzigeSportart,inderesdarumgeht,denGegner kampfunfähigzumachen.
ZieldesBoxersistes,denanderennachfestgelegtenRegelnzuverprügeln,sodassernichtmehrweitermachenkann.

_____
_____
_____
_____
_____
_____
_____

T54 Farbenblindheit

Farbenblindheit kommt sehr häufig vor. Fünf von 100 Menschen haben Probleme, alle Farben **gleichermaßen wahrzunehmen** wie der Durchschnittsmensch. Meistens können sie die Farben Rot und Grün nur schwer **auseinanderhalten**. In solchen Fällen spricht man von **Farbenfehlsichtigkeit**. Merkwürdigerweise ist Farbenblindheit bei Männern **zehnmal** so häufig wie bei Frauen. **Streng genommen (Strenggenommen)** ist Farbenblindheit, bei der man die Welt tatsächlich nur **schwarz, weiß oder grau wahrnimmt**, hingegen sehr selten. Auf 40 000 Menschen, das ist die Bevölkerung einer kleineren Stadt, kommt im Durchschnitt nur ein einziger Mensch, der völlig **farbenblind** ist.
Wenn jemand von Geburt an **farbenblind** oder **farbenfehlsichtig** ist, kann diese Behinderung nicht geheilt werden. Es gibt auch keine Brillen, um die Farbenblindheit **auszugleichen**. Trotzdem können fast alle Farbenblinde im Leben gut **zurechtkommen** – auch im Straßenverkehr. Die Ampellichter sind stets **gleich angeordnet**: oben Rot, in der Mitte Gelb und unten Grün. So kann man gut erkennen, welches Licht **aufleuchtet**, auch wenn man Rot und Grün nicht **unterscheiden** kann. Allerdings ist es Farbenblinden verboten, den Beruf eines Flugzeugpiloten, Taxifahrers oder Lokomotivführers **auszuüben**.

Wörter: 171

Notizen:

_____
_____
_____

Ü Schreibe die Sätze neu auf und setze jeweils die passende Form von *wahrnehmen, ausgleichen* und *ausüben* ein.

Ich (wahrnehmen) den warmen Wind.
Die leichte Veränderung konnte er nicht (wahrnehmen).
Die Veränderung war nicht (wahrnehmen).

Die Mannschaft (ausgleichen) in der letzten Minute.
Die Mannschaft schaffte es, (ausgleichen).

Ich (ausüben) den Beruf eines Lokomotivführers.
Er wird den Beruf (ausüben).
Farbenblinden ist es verboten, den Beruf eines Lokomotivführers (ausüben).

Getrennt- und Zusammenschreibung

T55 **Unser Nachbarland Holland**

Bus, Bahn und Auto schätzen die Holländer als schnelle Verkehrsmittel. Zwei Fortbewegungsarten lieben sie aber ganz besonders: im Sommer **das Radfahren** und im Winter **das Schlittschuhlaufen**. Für beides ist die weite, flache Landschaft ihrer Heimat wie geschaffen. Vor allem in der Stadt ziehen es die meisten vor, **Rad zu fahren**. Zum einen wird auf diese Weise die Umwelt geschont, zum anderen geht es mit dem Rad häufig schneller.

Ganz Holland ist von zahlreichen Kanälen und Grachten **durchzogen, sodass (so dass)** in kalten Wintern kein Mangel an natürlichen Eisbahnen besteht und Kinder und Erwachsene in der freien Natur **eislaufen** können.

Eislanglauf ist in Holland nichts Besonderes und ein regelrechter Volkssport. Seinen Höhepunkt erreicht er beim „**Elf-Städte-Lauf**", einem **Eislauf-Marathon** über eine Strecke von 200 Kilometern, vorbei an elf Städten. Viele Holländer setzen es sich zum Ziel, **irgendwann** einmal an diesem Lauf **teilzunehmen**.

In Holland kann man allerdings nicht **Ski laufen**. Für diese Sportart ist das Land einfach zu flach. Deshalb fahren viele Holländer im Winter **zum Skilaufen** ins Sauerland.

Wörter: 171

Notizen:
___
___
___
___

Ü Suche zu jedem Nomen/Substantiv aus der linken Spalte ein passendes Verb aus der rechten Spalte und schreibe die jeweilige Wortgruppe darunter auf.

Nomen/Substantiv	Verb
Angst	laufen
Pizza	fahren
Ski	essen
Auto	laufen
Rad	machen
Schlittschuh	haben

___
___
___

T56 Am alten Bahndamm

Bahnanlagen sind für Tiere und Pflanzen oftmals nicht besiedelbar(,) und viele Tierarten lassen hier ihr Leben. Doch wie schnell ändert sich das Bild, wenn Gleise **stillgelegt** werden und sich selbst **überlassen bleiben**. Wo sich vor wenigen Jahren ein steriles Band durch die Landschaft zog, treffen wir jetzt auf eine bunte Vielfalt an Pflanzen und Tieren. Man muss kein Biologe sein, um den ökologischen Wert solcher Flächen **erkennen zu können**. Es lohnt sich, die alten Gleise **entlangzuwandern** und seine Augen **aufzuhalten**.

Die dunklen Holzschwellen und die **Wärme speichernden (wärmespeichernden)** Schotterschichten sind als Sonnenplätze beliebte Aufenthaltsorte für allerlei Tiere. Und während wir noch **herauszufinden** versuchen, ob es bequemer ist, über die Schottersteine **zu gehen**, von Schwelle zu Schwelle **zu hüpfen** oder gar auf den Schienen **zu balancieren**, demonstriert uns schon die erste Zauneidechse, wie flink sie hier **vorankommt**. Vielleicht wollte sie **sonnenbaden**(,) und wir haben uns nicht **still verhalten** und sie gestört. Als Tier, welches die Wärme liebt, findet dieses Reptil auf alten Bahndämmen oft Ersatz für seine angestammten Lebensräume, wie zum Beispiel Trockenrasen und sonnige Waldränder, die heute vielfältig bedroht sind.

Wörter: 177

Notizen:

_____

_____

Ü Kreuze an:

	neue Bedeutung	beide Teile behalten ihre Bedeutung
stilllegen		
sich still verhalten		

Ü Zu welcher Wortgruppe kann die Verbindung *sonnenbaden* erweitert werden?

_____

Eine kleine Fußballgeschichte Deutschlands

Als um 1900 die ersten Deutschen **das Fußballspielen schätzen lernten**, waren die Politiker alles andere als begeistert. Von der „englischen Krankheit" war da die Rede. Noch 1912, zwölf Jahre nach der Gründung des Deutschen Fußball-Bundes, durfte an Bayerns Schulen kein **Fußball gespielt** werden. Das Innenministerium hielt die, wie es hieß „Fußlümmelei", für **jugendgefährdend**.
Um 1920 wird Fußball dann zum Massensport und eine willkommene Gelegenheit, den Volkssport als Propagandamittel **auszunutzen**. Nach dem **verlorengegangenen (verloren gegangenen)** Krieg wird gerade deswegen der Fußball zunächst von den Siegermächten verboten. Doch bald müssen sie erkennen, dass mit dem Fußball ein ideales Mittel **da ist**, die Schrecken des Krieges **auszugleichen**. Als Deutschland dann 1954 Fußballweltmeister wurde, waren die Deutschen wieder wer, nicht nur auf dem grünen Rasen.
Mit der Einführung des Profispielers und der Gründung der Fußballbundesliga 1963 wird der Grundstein für die **allumfassende** Vermarktung der Sportart gelegt. Der **Traumfußball** der **70er-Jahre (70er Jahre)** und seine Spielerpersönlichkeiten wie Beckenbauer oder Seeler erscheinen heute nur noch als Episode. Vollständige Vermarktung und Medieninteressen haben einen Fußball **hervorgebracht**, der zum seelenlosen Unterfangen **irgendwo** zwischen Taktik und Erfolgsprämie **verkommen zu sein scheint**.

Wörter: 184

Notizen:

Ü Bilde Wortgruppen aus zwei Verben nach dem Muster „schätzen lernen" und schreibe sie auf.

stehen	bleiben
spazieren	lernen
kennen	gehen
sitzen	lassen

Getrennt- und Zusammenschreibung

T58 Welche Religionen lehren die Wiedergeburt?

Seit es denkende Menschen gibt, stellen sie sich religiöse Fragen. Die meisten Menschen glauben an eine höhere, göttliche Macht, die ihre Geschicke lenkt(,) und die dafür sorgt, dass die Menschen auch nach dem Tod auf **irgendeine Weise** weiterleben. Anzeichen für einen religiösen Glauben finden sich **sogar** schon bei den Menschen der Frühzeit.

Die meisten Religionen lehren, dass ein Mensch nach seinem Tod für seine guten Taten belohnt und für seine **Übeltaten** bestraft wird. In den ostasiatischen Religionen glaubt man nicht an Himmel und Hölle. **Stattdessen** stellt man sich vor, dass die Menschen immer wieder auf die Erde **zurückkehren** müssen, und zwar **so lange**, bis sie endlich ein gutes Leben geführt haben.

Im Hinduismus, der Hauptreligion Indiens, sind die Gläubigen davon **überzeugt**, dass dieses Leben darüber entscheidet, wie das nächste aussieht. Wer ein gutes Leben führt, barmherzig ist und keine Menschen oder Tiere tötet, dem wird das in seinem nächsten Leben **zugutekommen**. Ein Bösewicht hingegen wird das **nächste Mal** wahrscheinlich ein erbärmliches Leben haben. Er kann sogar auf einer **niedriger stehenden** Stufe, nämlich als Tier, **wieder geboren (wiedergeboren)** werden.

Wörter: 183

Notizen:
_____
_____
_____

Ü
Schreibe die folgenden Sätze in der richtigen Form auf. Überlege genau, wo es sich bei der Verbindung mit der Partikel *so* um eine Konjunktion handelt, die zusammengeschrieben wird.

In ostasiatischen Religionen stellt man sich vor, dass ein Mensch _____ (SOLANGE) zur Erde zurückkehren muss, bis er ein gutes Leben geführt hat.

Zum Christentum gehört der Glaube, dass ein Mensch in den Himmel kommt, _____ (SOFERN) er gut gelebt hat.

T59 Die Olympischen Spiele

Die Griechen wollten ihren obersten Gott Zeus nicht nur mit Tempelbauten verehren, sondern ihm auch mit körperlicher Leistung **Achtung erweisen**. Deshalb hielten sie an dem heiligen Berg Olymp, dem vermeintlichen Sitz des Gottes, Olympische Spiele ab, und zwar alle vier Jahre. **Soviel** man weiß, fanden spätestens 776 vor unserer Zeitrechnung die ersten Wettkämpfe statt. Von dem Zeitpunkt an mussten zwischen August und September eines jeden Wettkampfjahres alle Kriege eingestellt werden, denn während der Spiele, die als reine Kulthandlung betrachtet wurden, durften keine blutigen Auseinandersetzungen **stattfinden**.

An den Olympischen Spielen durften alle freien männlichen Griechen **teilnehmen**, Sklaven und Ausländer waren ebenso ausgeschlossen wie Frauen. Unter der Aufsicht gewählter Kampfrichter mussten sie **monatelang** trainieren und sich einer strengen Diät **unterziehen**.

Zur feierlichen Eröffnung der heiligen Wettkämpfe fanden am ersten Tag Opferzeremonien für Zeus statt. Außerdem mussten alle Teilnehmer einen Eid **ablegen**, sich während der Spiele keine Unredlichkeiten **zu Schulden (zuschulden) kommen zu lassen**.

Die eigentlichen Wettkämpfe begannen erst am zweiten Tag. Dabei ging es nicht darum, Rekorde **aufzustellen**, sondern nur darum, Zeus zu ehren. Als Preis für ihre Leistung erhielten die siegreichen Athleten lediglich einen Kranz aus Zweigen des heiligen Ölbaumes. Dies war der höchste Ruhm, der einem Sterblichen **zuteilwerden** konnte.

Wörter: 205

Notizen:
_____
_____
_____

Ü Streiche die falsche Form durch:

Soviel/So viel man weiß, gibt es seit dem Jahr 776 n. Chr. Olympische Spiele.

Damals wurden noch nicht soviele/so viele Rekorde wie heute erzielt.

T60 Sokrates

Sokrates ist vielleicht die rätselhafteste Person in der gesamten Geschichte der Philosophie. Dass er, der 470 bis 399 v. Chr. lebte, so rätselhaft war, hat ihn in der Philosophiegeschichte **berühmt gemacht**. Über einen Mann, von dem man nicht viel weiß, lässt sich spekulieren, was oft spannender ist, als den Fakten **nachzugehen**.

Sokrates ist als historische Person im Wesentlichen ein Geschöpf Platons, der seinen Lehrmeister über dessen Tod hinaus **lebendig gehalten** hat. Von ihm ist seither ein Bild **überliefert**, das man kennt: Sokrates, der **Weisheitsfreund**, der zugleich Störenfried ist – ein auf den Straßen und Plätzen Athens **umherstreifender** Mensch, der anscheinend nichts anderes (Anderes) zu tun hat, als die Leute in Gespräche zu verwickeln, die in der Regel harmlos beginnen, um dann Tempo **aufzunehmen** und Tiefgang zu gewinnen.

Sein Lebenswandel missfiel den Mächtigen. Sie sahen es nicht gern, dass er sich unter Menschen begab und mit ihnen philosophierte, zumal die Befürchtung bestand, er könnte dabei schädliche Ansichten **in Umlauf bringen**. So wurde er der Gottlosigkeit in Tateinheit mit unsittlicher Beeinflussung der Jugend angeklagt.

Er hätte in die Verbannung **gehen können** und wäre auf diese Weise um die Höchststrafe, die Todesstrafe, **herumgekommen**. Der Philosoph war sich aber keiner Schuld bewusst und nahm, nachdem er seine berühmte Verteidigungsrede gehalten hatte, den Giftbecher.

Wörter: 211

Notizen:

_____

Ü Bilde Zusammensetzungen aus den Wörtern der beiden Spalten und schreibe sie auf.

nach	nehmen
umher	kommen
auf	streifen
herum	gehen

_____

_____

_____

Getrennt- und Zusammenschreibung

T61 **Wie wird in einer Demokratie gewählt?**

In einem echten demokratischen Staat darf jeder Bürger an der Wahl der Volksvertreter und der Regierung **teilnehmen**.
Eine demokratisch **durchgeführte** Wahl muss verschiedene Bedingungen erfüllen:
Sie muss **allgemein sein**, das bedeutet, dass jeder ab einem bestimmten Alter wählen darf, egal ob Mann oder Frau, Schwarz oder Weiß, Arm oder Reich. Dies war nicht immer so. Lange Zeit war es **vielmehr** selbst in demokratischen Staaten so, dass bestimmte Bevölkerungsgruppen nicht **gleichgestellt** waren.
Die Wahl muss **gleich sein**, das heißt, dass jede abgegebene Stimme **gleich viel** zählt. In früheren Zeiten war es häufig so, dass **beispielsweise** die Stimmen der Reichen **mehr zählten**. Wenige Reiche entsandten **somit** mehr Abgeordnete ins Parlament als die große Zahl von Ärmeren und konnten so ihre Interessen viel besser **durchsetzen**.
Die Wahl ist zudem geheim. Das muss auch so sein, denn jeder muss sich **frei entscheiden** können, ohne **Angst haben** zu müssen, dass er **möglicherweise** Nachteile hat, wenn er eine bestimmte Partei wählt.
Nach Schließung der Wahllokale werden die Wahlurnen geöffnet und unter Zeugen die Stimmen gezählt. Das Ergebnis wird telefonisch an eine Zentrale gemeldet, in der Computer die Ergebnisse der Wahlbezirke **blitzschnell** speichern und **zusammenrechnen**. Schon nach Auszählung einiger Wahlkreise kann man heute **hochrechnen**, also das Endergebnis ungefähr **voraussagen**.

Wörter: 211

Notizen:

_____

_____

Ü Bilde zusammengesetzte Adjektive, bei denen der erste Bestandteil die Bedeutung verstärkt oder vermindert *(blitzschnell)* und schreibe sie auf.

bitter	brand	müde	böse
lau	stock	begabt	warm
hoch	tod	neu	dunkel

_____

_____

_____

Zeichensetzung

Satzschlusszeichen

1. Der Punkt

> **R** Am Ende eines Aussagesatzes steht ein Punkt. Der Aussagesatz kann aus einem einfachen Hauptsatz oder einem Satzgefüge (Hauptsatz und Nebensatz/Gliedsatz) bestehen.

BEISPIEL *Herr Buchholz baut ein Gartenhaus.*
Weil er die Fenster vergessen hat, benötigt er nun eine Säge.

> **R** Am Ende eines Aufforderungs- oder Wunschsatzes kann anstelle des Ausrufezeichens ein Punkt stehen, wenn die Sätze ohne Nachdruck gesprochen oder geschrieben werden.

BEISPIEL *Geben Sie mir bitte auch etwas Salat.*

> **R** Der Punkt steht auch nach Zahlen, die eine Reihenfolge oder Rangfolge verdeutlichen, und nach Abkürzungen, die im Textzusammenhang als ganze Wörter gesprochen werden.

BEISPIEL *1. Abschnitt*
2. Abschnitt
i. A. (im Auftrag)
z. B. (zum Beispiel)

2. Das Ausrufezeichen

> **R** Das Ausrufezeichen steht nach Wörtern oder Sätzen, die mit besonderem Nachdruck gesprochen oder geschrieben werden. Dabei kann es sich z. B. um einen Befehl, eine Aufforderung, einen Wunsch oder einen Ausruf handeln.

BEISPIEL *Seid endlich ruhig!*
Oh weh!

> **R** Das Ausrufezeichen kann nach einer Anrede im Brief stehen. Immer häufiger wird hier jedoch ein Komma gesetzt.

BEISPIEL *Sehr geehrte Frau Schneider!* *Sehr geehrte Frau Schneider,*
Hiermit bewerbe ich mich ... *hiermit bewerbe ich mich ...*

3. Das Fragezeichen

> **R** Das Fragezeichen steht nach Fragesätzen und allein stehenden Fragewörtern.

BEISPIEL *Wie lange dauert es noch?*
Warum?

> **R** Kein Fragezeichen steht nach Sätzen, die wie ein Fragesatz gebaut sind, jedoch eine eindeutige Aufforderung beinhalten. Hier wird nach der Sprechabsicht ein Ausrufezeichen gesetzt.

BEISPIEL *Wie oft soll ich dir das noch sagen!*

Komma

Das Komma in Aufzählungen

> **R** Das Komma steht zwischen den Teilen einer Aufzählung, wenn diese nicht durch eine nebenordnende Konjunktion wie *und* oder *oder* miteinander verbunden sind.
> Die Aufzählung kann aus einzelnen Wörtern, Wortgruppen oder ganzen Sätzen bestehen.

1. Das Komma zwischen Wörtern und Wortgruppen

BEISPIEL *Zu meinem Geburtstag habe ich Anna, Sinem, Paul, Felix und Sissi eingeladen.*
Zum Kaffee gibt es Eis mit Schlagsahne, Kuchen von unserem Bäcker und leckeren Obstsalat.

2. Das Komma zwischen Sätzen

BEISPIEL Aufzählung von Aussagesätzen: *Der Himmel verdunkelt sich, die ersten Blitze sind zu sehen und der Regen setzt ein.*

Aufzählung von Aufforderungssätzen: *Zieh dir die Jacke an, lauf schnell nach Hause und schließe die Fenster!*

Aufzählung von Fragesätzen: *Wann hast du angerufen, wie oft hast du es versucht und warum hat keiner abgenommen?*

Aufzählung von Nebensätzen: *Ich mag dich, weil du immer so schön lachst, weil du so hilfsbereit bist und weil ich dir alles sagen kann.*

R Besteht die Aufzählung aus Adjektiven, die nicht gleichrangig sind, steht kein Komma. Das zweite Adjektiv steht in diesem Fall in enger Verbindung mit dem Nomen/Substantiv, auf das es sich bezieht. Oft kann man in diesem Fall zwischen die Adjektive nicht die Wörter *sehr* bzw. *und* setzen.

BEISPIEL *Im Bundestag wurde die aktuelle politische Lage diskutiert.*

3. Bindewörter (Konjunktionen) zwischen den Teilen einer Aufzählung

R Vor folgenden nebenordnenden Konjunktionen steht in der Regel kein Komma:
– und
– oder
– beziehungsweise/bzw.
– respektive (= beziehungsweise)
– sowie (im Sinne von *und*)
– wie (im Sinne von *und*)
– nicht ... noch
– sowohl ... als auch
– weder ... noch
– entweder ... oder

BEISPIEL *Möchtest du jetzt etwas essen oder hast du noch keinen Appetit?*
Ich nehme entweder ein Eis oder ein Stück Kuchen.
Er hat weder telefoniert noch geschrieben.

> **R** Die Grundregel lautet, dass zwischen **vollständigen** Hauptsätzen, die durch nebenordnende Konjunktionen wie *und* bzw. *oder* verbunden sind, kein Komma steht.
> Ein Schreiber oder eine Schreiberin kann sich in diesen Fällen jedoch dazu entscheiden, ein Komma zu setzen, wenn dadurch die Gliederung eines Ganzsatzes deutlicher wird und das Lesen somit erleichtert wird. Das gilt auch für vollständige Sätze, die durch *weder – noch, entweder – oder, bzw. (beziehungsweise)* verbunden sind.
> Gleichrangige Nebensätze, die durch *und* bzw. *oder* verbunden sind, werden nicht durch Komma abgetrennt.

BEISPIEL *Finn besuchte Markus(,) und Johannes ging währenddessen zum Schwimmen.*
Hast du das Referat schon fertig(,) oder willst du erst morgen daran arbeiten?
Weder besuchte sie ihn(,) noch meldete sie sich telefonisch bei ihm.
Er müsste eigentlich schon zu Hause sein(,) bzw. er ist noch auf dem Heimweg.

> **R** Vor Konjunktionen, die einen Gegensatz ausdrücken, steht ein Komma. Zu diesen Konjunktionen zählen:
> – aber
> – doch
> – jedoch
> – sondern
> – nicht nur …, sondern auch
> – einerseits …, andererseits
> – teils …, teils

BEISPIEL *Ich besuche dich bestimmt, jedoch nicht in dieser Woche.*
Sie spielt nicht nur ausgezeichnet Fußball, sondern turnt auch gut.

Das Komma in Satzgefügen

> **R** Das Komma trennt Hauptsatz und Nebensatz/Gliedsatz voneinander.
> Der Nebensatz/Gliedsatz kann vor dem Hauptsatz stehen, dahinter stehen oder in ihn eingefügt sein.
> Hauptsatz und Nebensatz/Gliedsatz bilden zusammen ein Satzgefüge.
> Nebensätze/Gliedsätze besitzen fast immer ein Einleitungswort, zum Beispiel eine Konjunktion (*als, weil, obwohl, indem, dass*) oder ein Relativpronomen (*der, welcher*).
> Die gebeugte (konjugierte) Verbform steht am Schluss.

BEISPIEL *Weil die Jugendherberge ausgebucht ist, fahren wir zu einem Campingplatz.*
   Nebensatz/Gliedsatz   Hauptsatz

Ich muss zu Hause bleiben, weil ich krank bin.
   Hauptsatz   Nebensatz/Gliedsatz

Joggen ist, wenn es nicht übertrieben wird, sehr gesund.
Hauptsatz   Nebensatz/Gliedsatz   Hauptsatz

R Das Komma steht zwischen Nebensätzen/Gliedsätzen, die voneinander abhängen.

BEISPIEL *Weil die Turnhalle, in der wir regelmäßig trainieren, gereinigt wird,*
   Nebensatz 1   Nebensatz 2   Nebensatz 1
treffen wir uns erst wieder in der nächsten Woche.
                  Hauptsatz

R Vor *als* und *wie* steht nur dann ein Komma, wenn ein vollständiger Nebensatz/Gliedsatz folgt.

BEISPIEL *Er hat es besser gemacht, als ich erwartet habe.*
Er hat es besser gemacht als ich.

R Gelegentlich fehlt bei einem Nebensatz/Gliedsatz das Einleitungswort. Man kann es dann jedoch ergänzen.

BEISPIEL *Fährst du nicht gern mit dem Auto, solltest du den Bus nehmen.*
Wenn du nicht gern mit dem Auto fährst, solltest du den Bus nehmen.
Er sagte, er komme sofort.
Er sagte, dass er sofort komme.

R Bei kurzen, formelhaften Nebensätzen können Kommas gesetzt werden.

BEISPIEL *Ich bringe dir(,) wenn möglich(,) noch heute das Buch vorbei.*

Das Komma bei Infinitiv- und Partizipgruppen
1. Das Komma bei Infinitivgruppen mit hinweisendem Wort

> **R** Infinitivgruppen werden in der Regel durch Kommas vom übrigen Satz abgetrennt. Unter einer Infinitivgruppe versteht man ein Verb im Infinitiv (Grundform) mit der Partikel *zu*, zu dem weitere Wörter hinzukommen. Die Infinitivgruppe kann am Ende des Gesamtsatzes stehen oder darin eingefügt werden. In diesem Fall steht ein Komma davor und dahinter.

BEISPIEL *Er hatte die Möglichkeit zu fahren.* (Keine Erweiterung des Infinitivs = keine Infinitivgruppe)

Er hatte die Möglichkeit, mit dem Zug zu fahren. (Erweiterung des Infinitivs durch den Ausdruck „mit dem Zug" = Infinitivgruppe)

Er hatte die Möglichkeit, mit dem Zug zu fahren, noch nicht in Erwägung gezogen. (Eingefügte Infinitivgruppe)

> **R** Sehr oft wird im übergeordneten Satz mit einem *Nomen/Substantiv* oder anderen Wörtern auf die Infinitivgruppe hingewiesen. Solche hinweisenden Wörter sind z. B.: *darauf, daran, dazu, damit*. Hinweisende Wörter können vor oder hinter der Infinitivgruppe stehen.

BEISPIEL *Er scheiterte mit dem Versuch, die Berghütte in einem Tag zu erreichen.*
Mit dem Versuch, die Berghütte in einem Tag zu erreichen, scheiterte er.

BEISPIEL *Er kam nicht dazu, sie anzurufen.*
Dazu, sie anzurufen, kam er nicht.
Sie anzurufen, dazu kam er nicht.

> **R** Ein hinweisendes Wort im übergeordneten Satz ist manchmal das Wort *es*. Auch in diesem Fall wird die Infinitivgruppe durch Komma abgetrennt.

BEISPIEL *Ich mag es, faul in der Sonne zu liegen.*

> **R** Verweist ein Wort im übergeordneten Satz auf einen einfachen Infinitiv mit *zu*, der nicht erweitert ist, ist es dem Schreiber oder der Schreiberin überlassen, ob ein Komma gesetzt wird.

BEISPIEL *Er hatte die Absicht(,) zu kommen.*

Zeichensetzung

BEISPIEL <u>Weil die Jugendherberge ausgebucht ist</u>, <u>fahren wir zu einem Campingplatz</u>.
　　　　　　Nebensatz/Gliedsatz　　　　　　　　　　Hauptsatz

<u>Ich muss zu Hause bleiben</u>, <u>weil ich krank bin</u>.
　Hauptsatz　　　　　　　Nebensatz/Gliedsatz

<u>Joggen ist</u>, <u>wenn es nicht übertrieben wird</u>, <u>sehr gesund</u>.
Hauptsatz　　　Nebensatz/Gliedsatz　　　　　Hauptsatz

R Das Komma steht zwischen Nebensätzen/Gliedsätzen, die voneinander abhängen.

BEISPIEL <u>Weil die Turnhalle, in der wir regelmäßig trainieren, gereinigt wird</u>,
　　　　　　Nebensatz 1　　　　　Nebensatz 2　　　　　Nebensatz 1
<u>treffen wir uns erst wieder in der nächsten Woche</u>.
　　　　　　　Hauptsatz

R Vor *als* und *wie* steht nur dann ein Komma, wenn ein vollständiger Nebensatz/Gliedsatz folgt.

BEISPIEL Er hat es besser gemacht, als ich erwartet habe.
Er hat es besser gemacht als ich.

R Gelegentlich fehlt bei einem Nebensatz/Gliedsatz das Einleitungswort. Man kann es dann jedoch ergänzen.

BEISPIEL Fährst du nicht gern mit dem Auto, solltest du den Bus nehmen.
Wenn du nicht gern mit dem Auto fährst, solltest du den Bus nehmen.
Er sagte, er komme sofort.
Er sagte, dass er sofort komme.

R Bei kurzen, formelhaften Nebensätzen können Kommas gesetzt werden.

BEISPIEL Ich bringe dir(,) wenn möglich(,) noch heute das Buch vorbei.

Das Komma bei Infinitiv- und Partizipgruppen
1. Das Komma bei Infinitivgruppen mit hinweisendem Wort

> **R** Infinitivgruppen werden in der Regel durch Kommas vom übrigen Satz abgetrennt. Unter einer Infinitivgruppe versteht man ein Verb im Infinitiv (Grundform) mit der Partikel *zu*, zu dem weitere Wörter hinzukommen. Die Infinitivgruppe kann am Ende des Gesamtsatzes stehen oder darin eingefügt werden. In diesem Fall steht ein Komma davor und dahinter.

BEISPIEL *Er hatte die Möglichkeit zu fahren.* (Keine Erweiterung des Infinitivs = keine Infinitivgruppe)

Er hatte die Möglichkeit, mit dem Zug zu fahren. (Erweiterung des Infinitivs durch den Ausdruck „mit dem Zug" = Infinitivgruppe)

Er hatte die Möglichkeit, mit dem Zug zu fahren, noch nicht in Erwägung gezogen. (Eingefügte Infinitivgruppe)

> **R** Sehr oft wird im übergeordneten Satz mit einem *Nomen/Substantiv* oder anderen Wörtern auf die Infinitivgruppe hingewiesen. Solche hinweisenden Wörter sind z. B.: *darauf, daran, dazu, damit.* Hinweisende Wörter können vor oder hinter der Infinitivgruppe stehen.

BEISPIEL *Er scheiterte mit dem Versuch, die Berghütte in einem Tag zu erreichen.*
Mit dem Versuch, die Berghütte in einem Tag zu erreichen, scheiterte er.

BEISPIEL *Er kam nicht dazu, sie anzurufen.*
Dazu, sie anzurufen, kam er nicht.
Sie anzurufen, dazu kam er nicht.

> **R** Ein hinweisendes Wort im übergeordneten Satz ist manchmal das Wort *es*. Auch in diesem Fall wird die Infinitivgruppe durch Komma abgetrennt.

BEISPIEL *Ich mag es, faul in der Sonne zu liegen.*

> **R** Verweist ein Wort im übergeordneten Satz auf einen einfachen Infinitiv mit *zu*, der nicht erweitert ist, ist es dem Schreiber oder der Schreiberin überlassen, ob ein Komma gesetzt wird.

BEISPIEL *Er hatte die Absicht(,) zu kommen.*

Zeichensetzung

BEISPIEL
<u>Weil die Jugendherberge ausgebucht ist</u>, <u>fahren wir zu einem Campingplatz</u>.
        Nebensatz/Gliedsatz   Hauptsatz

<u>Ich muss zu Hause bleiben</u>, <u>weil ich krank bin</u>.
   Hauptsatz   Nebensatz/Gliedsatz

<u>Joggen ist</u>, <u>wenn es nicht übertrieben wird</u>, <u>sehr gesund</u>.
Hauptsatz   Nebensatz/Gliedsatz   Hauptsatz

R Das Komma steht zwischen Nebensätzen/Gliedsätzen, die voneinander abhängen.

BEISPIEL
<u>Weil die Turnhalle</u>, <u>in der wir regelmäßig trainieren</u>, <u>gereinigt wird</u>,
   Nebensatz 1   Nebensatz 2   Nebensatz 1

<u>treffen wir uns erst wieder in der nächsten Woche</u>.
                  Hauptsatz

R Vor *als* und *wie* steht nur dann ein Komma, wenn ein vollständiger Nebensatz/Gliedsatz folgt.

BEISPIEL
Er hat es besser gemacht, als ich erwartet habe.
Er hat es besser gemacht als ich.

R Gelegentlich fehlt bei einem Nebensatz/Gliedsatz das Einleitungswort. Man kann es dann jedoch ergänzen.

BEISPIEL
Fährst du nicht gern mit dem Auto, solltest du den Bus nehmen.
Wenn du nicht gern mit dem Auto fährst, solltest du den Bus nehmen.
Er sagte, er komme sofort.
Er sagte, dass er sofort komme.

R Bei kurzen, formelhaften Nebensätzen können Kommas gesetzt werden.

BEISPIEL
Ich bringe dir(,) wenn möglich(,) noch heute das Buch vorbei.

Das Komma bei Infinitiv- und Partizipgruppen

1. Das Komma bei Infinitivgruppen mit hinweisendem Wort

R Infinitivgruppen werden in der Regel durch Kommas vom übrigen Satz abgetrennt. Unter einer Infinitivgruppe versteht man ein Verb im Infinitiv (Grundform) mit der Partikel *zu*, zu dem weitere Wörter hinzukommen. Die Infinitivgruppe kann am Ende des Gesamtsatzes stehen oder darin eingefügt werden. In diesem Fall steht ein Komma davor und dahinter.

BEISPIEL *Er hatte die Möglichkeit zu fahren.* (Keine Erweiterung des Infinitivs = keine Infinitivgruppe)

Er hatte die Möglichkeit, mit dem Zug zu fahren. (Erweiterung des Infinitivs durch den Ausdruck „mit dem Zug" = Infinitivgruppe)

Er hatte die Möglichkeit, mit dem Zug zu fahren, noch nicht in Erwägung gezogen. (Eingefügte Infinitivgruppe)

R Sehr oft wird im übergeordneten Satz mit einem *Nomen/Substantiv* oder anderen Wörtern auf die Infinitivgruppe hingewiesen. Solche hinweisenden Wörter sind z. B.: *darauf, daran, dazu, damit*. Hinweisende Wörter können vor oder hinter der Infinitivgruppe stehen.

BEISPIEL *Er scheiterte mit dem Versuch, die Berghütte in einem Tag zu erreichen.*
Mit dem Versuch, die Berghütte in einem Tag zu erreichen, scheiterte er.

BEISPIEL *Er kam nicht dazu, sie anzurufen.*
Dazu, sie anzurufen, kam er nicht.
Sie anzurufen, dazu kam er nicht.

R Ein hinweisendes Wort im übergeordneten Satz ist manchmal das Wort *es*. Auch in diesem Fall wird die Infinitivgruppe durch Komma abgetrennt.

BEISPIEL *Ich mag es, faul in der Sonne zu liegen.*

R Verweist ein Wort im übergeordneten Satz auf einen einfachen Infinitiv mit *zu*, der nicht erweitert ist, ist es dem Schreiber oder der Schreiberin überlassen, ob ein Komma gesetzt wird.

BEISPIEL *Er hatte die Absicht(,) zu kommen.*

2. Der Infinitiv mit *um zu, ohne zu, anstatt zu ...*

> **R** Eine Infinitivgruppe wird häufig durch *um, ohne, statt, anstatt, außer, als* eingeleitet. Auch in diesem Fall wird die Infinitivgruppe durch Komma vom übergeordneten Satz abgetrennt. Ist eine solche Infinitivgruppe in den übergeordneten Satz eingefügt, steht ein Komma davor und dahinter.

BEISPIEL   *Ich gehe in die Schule, um zu lernen.*
Ich gehe, um zu lernen, in die Schule.
Sie sagte, ohne mit der Wimper zu zucken, zu.
Ihm fiel nichts Besseres ein, als einfach fortzugehen.
Du solltest, anstatt immer nur fernzusehen, lieber ein Buch lesen.

3. Mögliches Komma bei Infinitivgruppen

> **R** Wenn kein Nomen/Substantiv oder anderes Wort im übergeordneten Satz auf die Infinitivgruppe hinweist oder sie nicht durch *um zu, ohne zu ...* eingeleitet wird, kann ein Komma gesetzt werden, um die Gliederung des Gesamtsatzes deutlich zu machen. Für den Leser ist dieses in der Regel eine Hilfe, und es ist in keinem Fall falsch, das Komma zu setzen.

BEISPIEL   *Er beabsichtigte(,) mit dem Fahrrad zur Schule zu fahren.*
Sie weigerte sich(,) das Referat zu halten(,) und ging stattdessen nach Hause.
aber
Er hatte die Absicht*, mit dem Fahrrad zur Schule zu fahren.*
Ihre Weigerung*, das Referat nicht zu halten, äußerte sie mit Nachdruck.*

4. Das Komma bei Partizipgruppen

> **R** Unter einer Partizipgruppe versteht man ein Partizip, zu dem weitere Wörter hinzukommen. Wird diese Partizipgruppe durch ein hinweisendes Wort oder eine hinweisende Wortgruppe angekündigt, wird sie durch Kommas vom übrigen Satz abgetrennt.

  So, mit dem Nötigsten ausgerüstet, begann er die Bergtour. (ausgerüstet = Partizip II)
Mit dem Nötigsten ausgerüstet, so begann er die Bergtour.

So, ein Lied pfeifend, lief er über den Pausenhof. (pfeifend = Partizip I)
Ein Lied pfeifend, so lief er über den Pausenhof.

R Bezieht sich die Partizipgruppe unmittelbar auf ein vorausgehendes Nomen/Substantiv oder Pronomen und erläutert sie dieses näher, muss das Komma gesetzt werden. Die Partizipgruppe bildet einen deutlich vom übrigen Satz abgehobenen Einschub.

BEISPIEL Der Mann, mit einem schwarzen Mantel bekleidet, benahm sich merkwürdig.

R Steht die Partizipgruppe deutlich abgesetzt am Ende eines Satzes, wird sie ebenfalls durch Komma abgetrennt. Hier kann man in Gedanken häufig ein „und zwar" einsetzen.

BEISPIEL Sie kam auf mich zu, (und zwar) über das ganze Gesicht strahlend.

Das Komma bei Einschüben und nachgestellten Erläuterungen

R Einschübe oder nachgestellte Erläuterungen werden durch Kommas vom übrigen Satz abgetrennt, weil sie deutlich den Lesefluss unterbrechen.

BEISPIEL Micha, ein geschickter Bastler, hat sich eine Seifenkiste gebaut.
Ich esse gern Kuchen, vor allem Sahnetorte.

R Manchmal kann der Schreiber oder die Schreiberin entscheiden, ob er oder sie einen Ausdruck als Einschub verstanden wissen will. Das gilt vor allem für adverbiale Bestimmungen, die auf diesem Weg besonders hervorgehoben werden. Da ein Satz in diesem Fall sehr stark untergliedert wird, sollte man eher sparsam mit dieser Möglichkeit umgehen.

BEISPIEL Die Arbeit macht mir(,) trotz der enormen Belastung(,) sehr viel Spaß.

Das Komma bei Anreden und Ausrufen

R Das Komma trennt Anreden und Ausrufe vom übrigen Satz ab.

BEISPIEL Hast du deine Hausaufgaben gemacht, Anke?
Ach, daran habe ich nicht gedacht!

Semikolon

R Das Semikolon trennt Sätze oder Wortgruppen voneinander, wenn ein Komma vom Schreiber oder von der Schreiberin als zu schwach und ein Punkt als zu stark empfunden wird.

BEISPIEL *Er beeilte sich zwar; aber er kam nicht mehr rechtzeitig.*

Doppelpunkt

R Der Doppelpunkt zeigt an, dass etwas Weiterführendes folgt. Das können Aufzählungen, besondere Angaben oder weitergehende Erklärungen sein. Folgt ein vollständiger Satz, wird in der Regel groß begonnen.

BEISPIEL *Niemals solltest du dieses vergessen: Wir werden immer Freunde bleiben.*

R Steht nach dem Doppelpunkt ein vollständiger Satz, der das Vorausgehende zusammenfasst oder eine Schlussfolgerung daraus beinhaltet, bleibt es dem Schreiber oder der Schreiberin überlassen, groß oder klein zu beginnen. Wird klein begonnen, werden der Ausdruck vor dem Doppelpunkt und der Satz danach als **ein** Ganzsatz angesehen.
Anstelle des Doppelpunktes könnte in diesem Fall oft auch ein Gedankenstrich oder ein Komma stehen.

BEISPIEL *Vorsuppe, Salat, Hauptgericht und Nachtisch: alles war vorzüglich.*
auch
Vorsuppe, Salat, Hauptgericht und Nachtisch: Alles war vorzüglich.

Wenn du deine Hausaufgaben gemacht hast, wenn dein Zimmer aufgeräumt ist und wenn du eingekauft hast: dann kannst du ins Schwimmbad fahren.
auch
Wenn du deine Hausaufgaben gemacht hast, wenn dein Zimmer aufgeräumt ist und wenn du eingekauft hast: Dann kannst du ins Schwimmbad fahren.

R Der Doppelpunkt steht vor der wörtlichen Rede, wenn diese durch einen Redebegleitsatz angekündigt wird.

BEISPIEL *Der Landwirt meinte: „In diesem Jahr habe ich die dicksten Kartoffeln."*

Zeichensetzung in der wörtlichen Rede

R Die wörtliche Rede und Gedanken, die wörtlich wiedergegeben werden, stehen in Anführungszeichen. Die Zeichensetzung hängt von den unterschiedlichen Satzarten und davon ab, ob der Redebegleitsatz vor oder hinter der wörtlichen Rede steht oder ob er in die wörtliche Rede eingeschoben ist.

1. Der Redebegleitsatz steht vor der wörtlichen Rede

BEISPIEL Der Lehrer sagte: „Heute gibt es keine Hausaufgaben."
Die Schülerin fragte: „Ist das wirklich wahr?"
Maja rief: „Frag bloß nicht noch einmal!"

2. Der Redebegleitsatz steht hinter der wörtlichen Rede

BEISPIEL „Heute gibt es keine Hausaufgaben", sagte der Lehrer.
„Ist das wirklich wahr?", fragte die Schülerin.
„Frag bloß nicht noch einmal!", rief Maja.

3. Der Redebegleitsatz ist in die wörtliche Rede eingeschoben

BEISPIEL „Heute gibt es ausnahmsweise", so sagte der Lehrer, „keine Hausaufgaben."

R Titel von Büchern, Filmen, Gedichten oder Ähnliches oder die Namen von Zeitungen werden in der Regel in Anführungszeichen gesetzt.
Das gilt auch für wörtliche Übernahmen (Zitate) aus Büchern, Briefen oder anderen Schriftstücken.
Bekannte Zeitungen oder Zeitschriften werden manchmal ohne Anführungszeichen oder in Großbuchstaben geschrieben.

BEISPIEL Bei dem Text „An diesem Dienstag" handelt es sich um eine Kurzgeschichte.
Die Zeitung „Die Morgenpost" erscheint täglich.
DER SPIEGEL berichtet in seiner Ausgabe vom ...
Dieser Artikel stammt aus dem Stern.

R Halbe Anführungszeichen werden gesetzt, wenn innerhalb eines Zitats oder einer wörtlichen Rede etwas mit Anführungszeichen versehen werden muss.

BEISPIEL Anke fragte: „Habt ihr den Film ‚Der letzte Ritter' schon gesehen?"

Anführungszeichen werden gesetzt, wenn Ausdrücke, über die etwas ausgesagt wird, hervorgehoben werden sollen.
Anführungszeichen können auch bedeuten, dass der Schreiber oder die Schreiberin eine bestimmte Wertung vornehmen möchte (z. B. Ironie).

BEISPIEL *Die Präposition „durch" verlangt den Akkusativ.*
Anke hat „nur" eine 1- geschrieben.

Gedankenstrich

Der Gedankenstrich steht hauptsächlich vor und hinter eingeschobenen Wörtern, Wortgruppen oder Sätzen (Parenthesen).

BEISPIEL *Er verkündete vorher – und er behielt Recht –, dass er den Wettkampf gewinne.*
Gestern traf ich – welch ein Zufall! – meine Englischlehrerin im Internet-Café.

Klammern

Mit Klammern können innerhalb eines Satzes erklärende Zusätze oder Nachträge eingeschlossen werden. Dabei kann es sich um Ziffern, einzelne Wörter, Wortgruppen oder ganze Sätze, die nicht besonders betont werden, handeln. Anstelle der Klammern können häufig auch Kommas oder Gedankenstriche gesetzt werden.

BEISPIEL *Andreas Müller (Borussia Kleinstadt) schoss für seine Mannschaft das 2:1 (68. Min.).*
Johann Wolfgang von Goethe (geb. 1749 in Frankfurt, gest. 1832 in Weimar) war nicht nur Dichter, sondern auch Politiker, Maler und Naturforscher.

Besteht der Klammerausdruck aus einem Aussagesatz und wird er in den übergeordneten Satz eingeschoben, wird klein begonnen, wenn es die Wortart zulässt, und es entfällt der Punkt innerhalb der Klammer.

BEISPIEL *Bertolt Brecht (er gehört zu den bedeutendsten deutschen Dichtern) wurde 1898 in Augsburg geboren und starb 1956 in Berlin.*

> **R** Wird der aus einem Aussagesatz bestehende Klammerausdruck hinter den übergeordneten Satz gesetzt, hängt die Schreibweise davon ab, wo der Schlusspunkt gesetzt wird. Der Klammerausdruck kann vor oder hinter dem Schlusspunkt des übergeordneten Satzes stehen.

BEISPIEL *Bertolt Brecht wurde 1898 in Augsburg geboren und starb 1956 in Berlin (er gehört zu den bedeutendsten deutschen Dichtern). Die meiste Zeit seines Lebens ...*
oder
Bertolt Brecht wurde 1898 in Augsburg geboren und starb 1956 in Berlin. (Er gehört zu den bedeutendsten deutschen Dichtern.) Die meiste Zeit seines Lebens ...

> **R** Ausrufezeichen oder Fragezeichen, die zum eingeschoben oder nachgestellten Zusatz gehören, stehen vor der schließenden Klammer.

BEISPIEL *Das Formular ist vollständig auszufüllen (unbedingt mit Maschine schreiben!) und innerhalb einer Woche (keine Fristverlängerung möglich!) zurückzuschicken.*
Du hast schon wieder vergessen (oder hat man mich falsch informiert?), den Jahresbeitrag zu überweisen.

> **R** Steht der Klammerausdruck am Ende des übergeordneten Satzes, wird wie oben beschrieben verfahren.

BEISPIEL *Du hast schon wieder vergessen, den Jahresbeitrag zu überweisen (oder hat man mich falsch informiert?).*
oder
Du hast schon wieder vergessen, den Jahresbeitrag zu überweisen. (Oder hat man mich falsch informiert?)

Ergänzungsstrich

> **R** Ein Ergänzungsstrich wird gesetzt, wenn mehrere Wörter den gleichen Bestandteil haben, dieser Bestandteil jedoch nur einmal gesetzt wird.

BEISPIEL *Vorwärts- und Rückwärtsgang*
Be- und Entladen erlaubt

KURZDIKTATE

Das Komma

Das Komma zwischen den Teilen einer Aufzählung

1 Kajak

Kajak nennen die Inuit ihr rundum geschlossenes Einmannboot mit einem Sitzloch in der Mitte. Sie fertigen es aus Knochen, Sehnen oder Holz und bespannen es mit Tierhaut. Zum Antreiben und Steuern nehmen sie ein Doppelpaddel. Das Kajak ist auch ein Bootstyp im Kanusport. Es gibt Einer-, Zweier- und Viererkanus. Auch diese sind geschlossen und haben nur Sitzlöcher für die Sportler. Oft sind sie aus festen Kunststoffen gebaut.

2 Genial gepackt

Einen zum Großtransporter umfunktionierten uralten VW-Käfer hat die aufmerksame bayerische Grenzpolizei am Autobahnübergang Bad Reichenhall gestoppt. In dem Wagen eines 46-jährigen Kroaten befand sich neben einer Unmenge Textilien, Hausrat und Kleinkram auch eine eineinhalb Meter hohe Gefrierschrankkombination. Um das Gerät in dem engen Auto verstauen zu können, hatte er beide Vordersitze ausbauen müssen. Den Beifahrersitz hatte er zusammen mit einem Koffer, zwei Schubladen, einem Kinderschlitten, zwei Dreirädern sowie einem Fahrrad auf dem Dach befestigt.

3 Wie kalt ist das Blut der kaltblütigen Tiere?

Das Blut der Kaltblüter ist stets so warm wie ihre Umgebung. Bei Hitze sind sie lebhaft, bei Kälte starr und träge. Man nennt sie deshalb auch wechselwarme Tiere. Zu ihnen zählen die Reptilien, die Amphibien (zum Beispiel die Frösche) und die Fische. Wechselwarme Tiere heizen sich in der heißen Sonne auf 50 und mehr Grad Celsius auf. Damit werden sie wärmer als die warmblütigen Tiere. Diese haben eine konstante Körpertemperatur.

4 Warum leuchtet faulendes Holz?

Nicht nur Tiere, auch manche Pflanzen können in der Dunkelheit Licht aussenden. Dazu gehört eine Pilzart namens Hallimasch. Sie siedelt auf moderndem, am Boden liegendem Holz. Deshalb schimmern manche Holzpflöcke im Schatten oder in der Dunkelheit so gruselig.

5 Sechsjähriger war blinder Passagier

Auf eigene Faust erfüllte sich ein Sechsjähriger aus Lindau seinen Traum von einer Dampferfahrt. Er schwang sich auf sein Fahrrad, fuhr zum Hafen und schiffte sich auf einem Bodenseedampfer ein. Auf die Frage des Schiffspersonals, ob seine Eltern sich verspätet hätten und nachkämen, nickte der Junge nur freundlich. Er kreuzte mit dem Ausflugsdampfer quer über den Bodensee, besuchte den Kapitän und aß mit ihm sogar zu Mittag. Erst bei der Rückkehr ins heimatliche Lindau hielten ihn die Passkontrollbeamten auf.

Das Komma vor Konjunktionen, die einen Gegensatz ausdrücken

6 Schauer

Ein Schauer ist ein kurzer, aber sehr heftiger Niederschlag. Er tritt gern auf der Rückseite eines Tiefdruckgebiets auf. Ein Schauer kann in Form von Regen, aber auch als Schnee, Graupel oder Hagel herunterkommen.

7 Leistungssportler

Leistungssportler müssen nicht nur regelmäßig trainieren, sondern auch ganz besonders auf ihre Ernährung achten. Vitamine und Mineralien sind wichtig, aber auch der Zuckerhaushalt muss beachtet werden.

8 Reif

Stark unterkühlter Wasserdampf und Nebel in der Luft bilden bei Temperaturen knapp über 0 Grad Celsius in Bodennähe keinen Tau, sondern legen sich als feine, aber immer weiter wachsende Schicht aus feinen Eiskristallen auf die Äste der Bäume. Stromleitungen können sich sehr dick mit Reif überziehen und die Masten unter dem Gewicht der vereisten Drähte zusammenbrechen.

9 Mit welchen Organen orientiert sich die Blindschleiche?

Die Blindschleiche ist eine beinlose Eidechse. Wie ihre Verwandten sieht sie recht gut. Auf der Jagd nach Insekten und Kleintieren orientiert sie sich mit den Augen, aber auch mit dem scharfen Geruchssinn.

10 Nixen

Nixen sind im Wasser lebende Geister. Es gibt sie nicht wirklich, aber viele Sagen und Märchen erzählen von ihnen. Sie können als Pflanzen, Tiere oder Menschen erscheinen, meistens aber in der Gestalt einer Meerfrau mit dem Oberkörper einer Frau und dem Unterkörper eines Fisches.

Das Komma in Satzgefügen

11 Schlafmütze

Ein 24-jähriger Dieb ist der Kieler Polizei ins Netz gegangen, weil er während des Schmierestehens eingeschlafen war. Trotz des Einbruchslärms und der Streifenwagensirene war der Mann an der Hausecke eingeschlafen.

12 Was war der Unterschied zwischen Piraten und Freibeutern?

Freibeuter waren Seeräuber, die im Dienste einer Regierung standen und nur einen Teil der Beute behalten durften. Piraten wirtschafteten ausschließlich in die eigene Tasche und galten als gewöhnliche Kriminelle, die vor Gericht kamen, wenn man sie gefangen hatte.

13 Wie funktioniert eine Sanduhr?

Eine Sanduhr besteht aus zwei bauchigen Gläsern, die durch eine sehr enge Öffnung miteinander in Verbindung stehen. Das untere Glas ist mit feinem Sand gefüllt. Wenn man das Glas umdreht, rieselt der feine Sand langsam in das leere Glas darunter. Bei manchen Sanduhren dauert das genau eine Stunde. Doch es gibt andere, bei denen der Sand drei Minuten, eine Viertelstunde oder eine halbe Stunde durchläuft. Man weiß, dass Christoph Kolumbus auf seinem Schiff eine Sanduhr besaß, die halbe Stunden anzeigte.

14 Warum sind die Meere nicht schon längst verdunstet?

Die Meere verlieren ständig Wasser durch aufsteigenden Wasserdampf. Die Wasserschicht, die pro Jahr in einem tropischen Meer verdunstet, ist immerhin zwei Meter stark. Doch das Wasser kommt als Regen, der direkt auf das Meer fällt, und durch die in das Meer strömenden Flüsse wieder zurück. Ohne Wassernachschub würden die Weltmeere irgendwann ausgetrocknet sein.

15 Laser

Laser ist eine Abkürzung für die englische Beschreibung eines Lichtverstärkers. Im Sonnenlicht sind viele verschiedene Farben enthalten. Im Lasergerät wird ein Kristall oder ein Gas so von einer Blitzlampe angeregt, dass es nur Licht einer ganz bestimmten Farbe in einem ganz dichten Bündel aussendet. Dadurch wird das Laserlicht sehr fein und sehr energiereich. Es kann so heiß werden, dass man Metalle damit schmelzen kann, und es ist so fein, dass man damit im Auge operieren kann. Im CD-Player tastet ein Laserstrahl die CD ab.

16 Wie funktioniert ein Tragflügelboot?

Tragflügelboote funktionieren nach dem „Wasserski-Prinzip". Die Tragflügel sind Metallblätter, die an Stelzen unter dem Schiff befestigt sind. Wenn das Schiff im Hafen liegt, sind die Tragflügel unter Wasser und damit unsichtbar. Sobald das Schiff Fahrt gewinnt, heben sie es aus dem Wasser.

17 Konkurrenz für James Bond

Mut hat eine Fahrschülerin in Israel bewiesen. Während einer Fahrstunde beobachteten sie und ihr Fahrlehrer, wie Diebe eine Frau beraubten und in einem Auto flüchteten. Die Fahrschülerin verfolgte den Wagen, bis die Täter von der Polizei gestellt wurden.

18 Warum schauen weidende Kühe oft in dieselbe Richtung?

Auch Kühe haben etwas gegen windiges Wetter. Wenn der Wind weht, wenden sie ihm gern ihr Hinterteil entgegen. Weil der Wind für sämtliche Kühe, die betroffen sind, aus derselben Richtung kommt, schauen sie allesamt in die Gegenrichtung. Bei Windstille liegt der Fall anders. Da schaut jede Kuh in die Richtung, die ihr am besten behagt.

19 Katalysator

Katalysator nennt man einen chemischen Stoff, der bewirkt, dass sich andere Stoffe schneller verändern, ohne dass er dabei selbst verbraucht wird. Beim Auto heißt ein Gerät Katalysator, das solche Stoffe (z. B. Platin, Palladium, Rhodium) enthält. Strömen die giftigen Abgase des Motors durch diesen Katalysator, so werden sie in weniger gefährliche Gase umgewandelt.

Das Komma vor Infinitivgruppen

20 Elefant als Lebensretter

Einer Elefantendame haben Besucher des Kairoer Zoos ihr Leben zu verdanken. Der Dickhäuter bewahrte sie **davor**, von einem 40 Meter hohen Baum **erschlagen zu werden**. Der Elefant spürte das nahende Unheil und vertrieb die Besucher durch Trompeten und aggressives Getrampel gerade noch rechtzeitig aus der Gefahrenzone.

21 Tierisch gute Schnüffelnase

Mit Hinweis auf seine gute Spürnase hat sich ein Polizeibeamter in Jülich um die Stelle eines Diensthundes beworben. Die Polizei teilte dazu mit, in der nicht ganz ernst gemeinten Bewerbung habe der Beamte sich **dazu** bereit erklärt, auch seinen Zwinger selbst **zu bauen**.

22 Nächtliche Schmusekatzen

Daran, das Fenster seines Zimmers in einem Berliner Jugendhotel **zu schließen**, hatte ein 14-jähriger Schüler nicht gedacht. Heimlich waren in der Nacht vier Katzen eingedrungen und hatten sich über die mitgebrachten Lebensmittel hergemacht. Anschließend legten sie sich zu ihm ins Bett und schliefen selig ein. Am frühen Morgen informierte der Schüler die Hausleitung. Die will sich **darum** bemühen, die Fenster gegen unliebsame Eindringlinge in Zukunft **zu sichern**.

23 Missverständnis

Fritzchen guckt sich den neuen Pelzmantel seiner Mutter an und seufzt: „Was muss das arme Vieh gelitten haben, ehe du diesen Mantel bekommen konntest!" Da erwidert die Mutter ärgerlich: „Ich verbiete **es** dir, so von deinem Vater **zu reden!**"

24 Operation

Um manche Krankheiten oder Verletzungen **heilen zu können**, muss man einen operativen Eingriff vornehmen. Man öffnet den Körper des Menschen, **um** kranke Gewebeteile **herauszunehmen** oder gebrochene Knochen wieder **zusammenzufügen**. Dafür wird der Patient betäubt.

25 Betäubung

Eine Betäubung hat die **Funktion**, einen Menschen gegen Schmerz unempfindlich **zu machen**. Dabei unterscheidet man zwischen Vollnarkose und örtlicher Betäubung. Bei einer Vollnarkose bewirkt das Narkosemittel(,) den Patienten in eine Art Tiefschlaf **zu versetzen**. Bei einer örtlichen Betäubung wird nur eine bestimmte Stelle des Körpers unempfindlich gemacht.
Als erstes Narkosemittel wurde Lachgas verwendet. Zunächst wurde es auf Jahrmärkten als Attraktion verkauft. Später hatte ein Arzt die **Idee**, es als Betäubungsmittel **einzusetzen**.

26 Niere

Die beiden Nieren liegen links und rechts neben der Wirbelsäule. Sie dienen **dazu**, die schädlichen Abfallstoffe aus dem Blut **zu entfernen**. Diese Giftstoffe werden dann mit dem Urin ausgeschieden. **Um** den Urin bilden **zu können**, brauchen die Nieren sehr viel Wasser. Verdurstet ein Mensch, so stirbt er eigentlich an Giften, die die Niere nicht mehr ausscheiden kann.

27 Lesen

Wer immer nur vor dem Fernseher oder Computer sitzt, **anstatt** sich auch einmal mit der faszinierenden Welt der Bücher **zu beschäftigen**, verpasst sehr viel. Bücher geben dir die **Chance**, eigene Bilder im Kopf **entstehen zu lassen**, sie zu verändern und in eine fremde Welt einzutauchen. Leider hat sich das Leseverhalten von Kindern und Jugendlichen in den letzten Jahren zuungunsten (zu Ungunsten) des Buchs geändert. Vor allem die Schule muss **dazu** beitragen, den Stellenwert des Buchs wieder **zu erhöhen**.

Das Komma bei Einschüben und nachgestellten Erläuterungen

28 Pluto

Auf der äußersten Umlaufbahn um die Sonne kreist der neunte Planet, genannt Pluto. Er ist mit einem Durchmesser von vielleicht 3000 Kilometern von allen Planeten der winzigste. Seine Masse beträgt nur zwei Prozent der Erdmasse. Seine Umdrehungszeit ist entsprechend kurz, nur 6,4 Tage. Seine Umlaufbahn um die Sonne ist jedoch die längste aller Planeten und dauert fast 252 Jahre.

29 Wer hat das Stricken erfunden?

Das Stricken mit Stricknadeln wurde erst im späten Mittelalter erfunden, und zwar von den Frauen schottischer Fischer. Sie verstrickten Garne aus Schafwolle für wärmende Kleidung, zum Beispiel für Pullover und Mützen. Das tat den Fischern in der rauen Nordsee gut und vertrieb den Frauen wohl auch die Wartezeit. Die Strickkunst, heute eine Selbstverständlichkeit, verbreitete sich nur langsam. In Spanien bildeten die Stricker lange Zeit eine eigene Zunft von Handwerkern. Gestrickt wurde dort fast ausschließlich von Männern. Man strickte vor allem Strumpfhosen. Diese wurden von den Herren am Königshof getragen, und zwar unter den kurzen Hosen. Vor 400 Jahren wurde die erste Strickmaschine erfunden, eine echte Erleichterung.

30 Der Schwertwal

Der Schwertwal, auch Orca oder Mörderwal genannt, ist das stärkste Raubtier der Erde. Der zehn Meter lange Meeressäuger ist mit den Delfinen (Delphinen) verwandt. Er frisst Pinguine, Robben und Kleinwale, darunter auch Delfine (Delphine). Menschen gegenüber verhält sich der Schwertwal allerdings freundlich.

31 Der Eichelhäher

Dem Eichelhäher verdanken wir die Eichen- und Buchenwälder. Der Vogel frisst nicht nur die Samen dieser Bäume, nämlich Eicheln und Bucheckern. Er vergräbt auch Massen davon in der Erde. Damit pflanzt er ganze Wälder an.

32 Kolibri

Die Kolibris sind bekannt wegen ihrer Winzigkeit und ihres besonderen Flugverhaltens, dem Schwirrflug. Mit dieser Technik können sie auf der Stelle schweben und mit ihren spitzen(,) langen Schnäbeln den Nektar aus den Blüten saugen. Der Hummelkolibri wird, wie der Name schon sagt, nur so groß wie eine Hummel. Er ist der kleinste Vogel der Welt.

33 Kloster

Ein Kloster ist ein Gebäude, in dem die Bewohner, man nennt sie Mönch oder Nonne, von der Außenwelt abgeschlossen leben. Sie wollen ihr Leben nur ihrem Gott widmen. Klöster gibt es in vielen Religionen. Bei uns sind Klöster meist um Kirchen herum gebaut.

Vermischte Bereiche der Kommasetzung

34 Janosch

Viele Kinder und Erwachsene lesen die Bücher von Janosch. Er wurde in Oberschlesien geboren und arbeitete zunächst in verschiedenen Berufen. Er studierte auf der Kunstakademie in München und lebte anschließend als freier Künstler. Er beschreibt in einfachen, aber treffenden Bildern das Leben und Lebenswerte. Seine beliebtesten Buchfiguren sind Tiere, z. B. der kleine Tiger. In zahlreichen Sammelbänden sind Geschichten, Gedichte und Zeichnungen von ihm erschienen, auch Romane für Erwachsene hat er geschrieben.

35 Ein Mann wurde 91 000 Mark nicht los

Ein 45-jähriger Mann hatte im Jahre 1995 in Hameln eine Geldkassette mit 91 000 Mark in die Weser geworfen. Doch der Metallbehälter mit den Ersparnissen des Frührentners ging nicht unter, sondern trieb in der Nähe einer Jugendherberge an Land. Dort fanden zwei aufmerksame Schüler die Kassette und übergaben sie ihrem Lehrer, der sie der Polizei aushändigte. Der Besitzer erklärte der Polizei, er wolle das Geld nicht mehr, damit er endlich Ruhe vor den Nachfragen der Verwandten habe. Doch er bekam sein Geld wieder zurück.

36 Kompost

Laub, ausgerissene Kräuter, Gemüseabfälle, Kleintiermist und Heckenschnitt verarbeitet man im Garten zu Kompost. Man schichtet diese Abfälle an einem schattigen Platz locker auf oder füllt sie in ein Silo. Kleinlebewesen aus dem Boden, wie Regenwürmer, ernähren sich davon. Sie scheiden dann eine krümelige(,) feine Humusmasse aus, die wieder reich an Pflanzennährstoffen ist.

37 Der Sonnentau

In unseren Breiten wächst eine Fleisch fressende (fleischfressende) Wildpflanze, der Sonnentau. Seinen Namen verdankt er Tropfen, die wie Tau auf seinen Blättern glitzern. Insekten halten diese Tropfen für richtigen Tau. Sie setzen sich auf die Pflanze, um ihn zu trinken, bleiben dort kleben und werden von der Pflanze verdaut.

38 Wie atmet eine Fliege?

Fliegen und andere Insekten bekommen den lebensnotwendigen Sauerstoff direkt durch feine Luftröhrchen, die von außen in das Körperinnere führen. Allerdings haben diese kleinen Tiere keine „Luftpumpe". Die Luft füllt die Röhrchen einfach aus. Das ist auch der Grund dafür, dass Insekten nicht groß und dick werden können. Durch allzu lange Röhrchen würde nicht genug frische Luft in den Körper gelangen(,) und das Insekt würde ersticken. Größere Tiere haben mit den Lungen einen Pumpapparat, der sie ständig mit Frischluft oder, bei Wassertieren, mit Frischwasser versorgt.

39 „Zellenhotels"

In Tokio gibt es Hotelzimmer, in denen ein Erwachsener nicht stehen kann. Für wen sind diese Hotels gedacht?
Tokio ist eine der größten Städte der Welt. Jeden Tag besuchen Scharen von Menschen die Stadt, von denen viele ein, zwei Nächte bleiben wollen. Doch es gibt nicht genug Hotels. Deshalb hat man vor einiger Zeit begonnen(,) „Zellenhotels" zu bauen. Man kann dort viermal so viele Menschen wie in einem normalen Hotel unterbringen. Die Zimmer sind allerdings sehr klein: 2 Meter lang, 1,5 Meter breit und 1,5 Meter hoch. Darin befinden sich ein Bett, ein Radio, ein Fernseher, ein Wecker und ein Telefon. Das Gepäck muss in der Hotelhalle bleiben.

40 Messerschlucker

Es gibt Menschen, die haben Spaß daran, Dinge zu verschlucken, welche normalerweise als ungenießbar gelten.
Im Jahre 1809 ist ein amerikanischer Matrose aus ungeklärten Gründen gestorben. Es wurde eine Autopsie vorgenommen. Die Ärzte fanden zu ihrer Verblüffung in seinem Magen nicht weniger als vierzehn Messer, von denen eines die Magengegend durchstochen hatte.

41 Stiefel aus natürlichem Material

Gummistiefel sind keine moderne Erfindung. Sie wurden bereits vor Jahrhunderten von den Indianern im Amazonasgebiet getragen. Die Indianer haben dazu Füße und Beine in das von einem bestimmten Baum produzierte Latex getaucht, eine Gummimasse, die praktisch eine zweite, äußerst widerstandsfähige Haut bildete und Schutz vor Dornen und Insektenstichen bot.

42 Rohstoff

So nennt man jedes Material, das der Mensch dazu gebrauchen kann, um irgendein Produkt herzustellen. Zu den Rohstoffen gehören die Bodenschätze, vor allem Erze und Metalle, aber auch Holz sowie oft auch die fossilen Brennstoffe Kohle, Erdgas und Erdöl.

Anführungsstriche

43 Eiskalte Typen

„Wisst ihr etwas über die Eskimos?", fragt der Lehrer im Erdkundeunterricht seine Schüler. „Das müssen eiskalte Typen sein", antwortet jemand verschmitzt.

44 Ein leidenschaftlicher Kuss?

Ein nicht mehr ganz junges Ehepaar spaziert einen Feldweg entlang. Plötzlich bleibt der Mann stehen, küsst seine Frau leidenschaftlich und flüstert: „Weißt du noch, wie wir uns hier an diesem Weidenzaun zum ersten Mal geküsst haben?" Die Frau macht einige merkwürdige Verrenkungen. „Oh", sagt der Mann begeistert, „heute bist du noch viel feuriger!" „Damals war der Zaun noch nicht elektrisch geladen", erwidert da die Frau.

45 „Plattfüße"

Eine verlorene Ladung mit Hunderten (hunderten) von messerscharfen Teppichklingen hat auf der A 1 bei Aschaffenburg rund 70 Autofahrern „Plattfüße" beschert. Der Streckenabschnitt glich einer riesigen „Reifenwechselstation".

46 Einleitung

Die Kurzgeschichte „Nachts schlafen die Ratten doch" handelt von einem alten Mann, dem es gegen Ende des Zweiten Weltkrieges gelingt, einem verstörten Jungen, der auf seinen verschütteten Bruder aufpasst, wieder Mut zu machen.

47 „Lediglich"

In seiner Samstagsausgabe berichtet das „Westfälische Volksblatt" von einem Motorradfahrer, der nach eigenen Angaben „lediglich" 52 km/h in der Fußgängerzone gefahren und dabei von einem mobilen Gerät geblitzt worden war. „In der Nacht befindet sich hier niemand", war seine Ausrede.

Zeichensetzung: wörtliche Rede — 141

T62 Das Rebhuhn und der Fuchs

Ein kleines Rebhuhn saß eines Tages im Busch. Da kam ein Fuchs und sagte in seiner listigen Art zu ihm: „Wie gut siehst du aus. Deine Füße sind wie Rosen, dein Schnabel glänzt wie eine Koralle. Doch wenn du schliefest, wärest du noch viel schöner."
Das Rebhuhn glaubte ihm, schloss die Augen und war kurz darauf eingeschlafen. Da schnappte es der Fuchs und hielt es in seinem Maul gefangen. Das Rebhuhn erwachte(,) und es kamen ihm die Tränen, als es sprach: „Ich bewundere deine List und deinen Scharfsinn. Bitte sag mir doch, wie du heißt! Danach darfst du mich auffressen." Als nun der Fuchs dem Rebhuhn seinen Namen sagen wollte und dabei den Rachen aufmachte, entwischte es ihm. „Wozu musste ich nur reden!", rief er betrübt aus. „Und was hatte ich nötig zu schlafen, wo ich gar nicht schläfrig war!", entgegnete in gleicher Weise das Rebhuhn.
Manchmal ist es besser(,) zu schweigen(,) und manchmal ist es besser(,) zu wachen.

Wörter: 164

Notizen:

Ü Trage in den folgenden Witz die fehlenden Satzzeichen ein.

Beschreibt bis morgen die Tapete in eurem Zimmer   fordert der Deutschlehrer am Ende der Stunde die Schülerinnen und Schüler auf   Mark ist sehr schnell damit fertig, er schreibt   Mein Vater hat das Beschreiben der Tapeten verboten

T63 Braun- und Steinkohle

Vor 200 Millionen Jahren herrschte in Mitteleuropa ein tropisches Klima(,) und Urwälder überwucherten weite Sumpfflächen. Riesenhafte Schachtelhalme, große Baumfarne und andere ausgestorbene Pflanzen schossen damals in die Höhe.
Sie wuchsen sehr schnell und wurden deshalb auch schneller morsch. Irgendwann bedeckte Wasser alles, Sand und Geröll überlagerten diese Schichten(,) und biologische Prozesse erfolgten. Das Wasser verlief sich wieder(,) und neue Sumpfwälder entstanden, starben ab und bildeten neue Bodenschichten.
Durch Veränderungen in der Erdkruste versanken diese Reste manchmal sehr tief, Schlick, Sand und Steine schlossen sie von der Luft ab und verhinderten die Verwesung.
Aus dem Holz der Riesenbäume wurde zunächst Torf, aus diesem entstand in Millionen Jahren die Braunkohle.
Wo die Erdkruste einen hohen Druck auf die Braunkohle ausübte, wurde aus ihr schließlich die Steinkohle, wie sie im Ruhrgebiet oder im Saarland abgebaut wurde und zum Teil auch heute noch abgebaut wird. Die Kohle hat jedoch in den letzten Jahrzehnten an Bedeutung verloren(,) und so ist es zu einem Abbau vieler Arbeitsplätze gekommen.

Wörter: 165

Notizen:

___

Ü Unterstreiche in dem folgenden Textauszug die einzelnen Teile der Aufzählungen und setze die Kommas.

Vor 200 Millionen Jahren herrschte in Mitteleuropa ein tropisches Klima und Urwälder überwucherten weite Sumpfflächen. Riesenhafte Schachtelhalme große Baumfarne und andere ausgestorbene Pflanzen schossen damals in die Höhe. Sie wuchsen sehr schnell und wurden deshalb auch schneller morsch. Irgendwann bedeckte Wasser alles Sand und Geröll überlagerten diese Schichten und biologische Prozesse erfolgten. Das Wasser verlief sich wieder und neue Sumpfwälder entstanden starben ab und bildeten neue Bodenschichten.

T64 Mit den Ohren „sehen"

Das Echo ist nicht nur eine Erscheinung der Bergwelt. Es wird von der Natur und dem Menschen vielfältig benutzt. Ein erstaunliches Beispiel dafür bieten die Fledermäuse. Sie sind Insekten fressende (insektenfressende) Flugtiere, die tagsüber in Höhlen und alten Gemäuern schlafen, um dann zur Nachtzeit auf Jagd zu gehen. Ganz gleich, ob der Mond scheint oder ob es stockdunkel ist, gehen sie darauf aus, Motten oder Mücken im Fluge zu fangen.
Schon vor über 150 Jahren fragten sich Wissenschaftler, wie es diese Tiere anstellen, dass sie in völlig dunkler Nacht die Beutetiere entdecken. Bald fand man heraus, dass die Augen der Fledermäuse dabei keine Rolle spielen. Die Tiere müssen also ein anderes Mittel haben, ihre Beute zu finden.
Auffällig ist, dass sie sehr große Ohren haben. Wie es den Fledermäusen möglich ist, allein mit Hilfe (mithilfe) des Gehörs ihre winzige und schnelle Beute zu orten, konnte erst in den letzten Jahrzehnten geklärt werden.
Die Fledermaus stößt nämlich beim Fliegen sehr hohe Laute aus. Deren Schall wird zurückgeworfen(,) und die Fledermaus hört das Echo. Die Methode der Fledermäuse ähnelt sehr der des Radargerätes. Dieses strahlt Radiowellen aus, während die Fledermaus fähig ist(,) Schallwellen auszusenden und sich nach ihrem Echo im Raum zu orientieren.

Wörter: 203

Notizen:
___
___
___

Ü Unterstreiche in dem folgenden Textauszug alle Hauptsätze und versieh die Nebensätze/Gliedsätze mit einer Wellenlinie.

Schon vor über 150 Jahren fragten sich Wissenschaftler, wie es diese Tiere anstellen, dass sie in völlig dunkler Nacht die Beutetiere entdecken. Bald fand man heraus, dass die Augen der Fledermäuse dabei keine Rolle spielen. Die Tiere müssen also ein anderes Mittel haben, ihre Beute zu finden.
Auffällig ist, dass sie sehr große Ohren haben. Wie es den Fledermäusen möglich ist, allein mit Hilfe (mithilfe) des Gehörs ihre winzige und schnelle Beute zu orten, konnte erst in den letzten Jahrzehnten geklärt werden.

T65 Der Monolog

Unter einem Monolog verstehen wir in der Literatur das Selbstgespräch, und zwar vor allem das Selbstgespräch im Drama. Im Allgemeinen ist für das Drama der Dialog kennzeichnend, das heißt das Gespräch zwischen zwei oder mehreren Personen. Ein Monolog dagegen, noch dazu ein längerer, kann leicht unnatürlich wirken, was auf den Beobachter unter Umständen sogar etwas komisch wirkt.
Im Drama aber gibt es Situationen, in denen der Monolog berechtigt und notwendig ist. Dem Zuschauer werden auf diese Art und Weise Ereignisse mitgeteilt, die aus verschiedenen Gründen auf der Bühne schwierig darzustellen sind. Dazu gehören zum Beispiel die Vorgeschichte, die für das Verständnis der Handlung auf der Bühne notwendig ist, oder auch Vorgänge, die aus technischen Gründen oder aus Gründen des Geschmacks nicht auf die Bühne kommen können. So findet die Enthauptung der Königin Maria in Schillers Trauerspiel „Maria Stuart" nicht sichtbar auf der Bühne statt, sondern wir erfahren vielmehr von dem Geschehen durch einen Monolog eines Ohrenzeugen.
Nicht als Handlung darstellbar sind auch innere Vorgänge, das heißt die geheimsten Gedanken der Bühnenhelden. Was der Zuschauer davon erfahren soll, kann im Monolog ausgesprochen werden. Im Monolog kann der Held, indem er mit sich selbst spricht, seinen Gefühlen freien Lauf lassen.

Wörter: 200

Notizen:

___

Ü Setze in dem folgenden Satz die Kommas und vergleiche anschließend mit dem Text oben.

Dazu gehören zum Beispiel die Vorgeschichte die für das Verständnis der Handlung auf der Bühne notwendig ist oder auch Vorgänge die aus technischen Gründen oder aus Gründen des Geschmacks nicht auf die Bühne kommen können.

T66 Märkte und Messen

Unsere Bundesstraßen folgen oft noch den alten „Hellwegen". Das sind alte Fernstraßen zwischen den europäischen Handelszentren, die bereits vor vielen hundert Jahren von den Kaufleuten mit ihren Planwagen benutzt wurden.
An Straßenkreuzungen oder Flussübergängen entstanden zuerst Rastplätze, dann Städte mit Marktplätzen und Markthallen. Die Stadtbefestigungen mit Gräben, Wällen, Mauern und Toren, welche die Städte umgaben, umschlossen eine sehr kleine Fläche. Daher drängten sich an den engen Straßen und kleinen Plätzen die Häuser dicht an dicht. In den Laubengängen dieser Häuser und in den Markthallen herrschte reger Handel.
Mit dem Stadtrecht war nämlich das Marktrecht verbunden. Das sicherte diesen Städten regelmäßige Einnahmen, die zu großem Wohlstand führten. Aus den mittelalterlichen Markttagen wurden in einigen Städten berühmte Messen. So versammeln sich auf der Leipziger Messe, der Frankfurter Messe und der Hannover-Messe in jedem Jahr Tausende (tausende) von Kaufleuten, die aus aller Welt hierherkommen, um Waren anzubieten oder einzukaufen.

Wörter: 148

Notizen:

___

Ü Bilde aus den folgenden Satzreihen jeweils ein Satzgefüge, indem du aus einem Hauptsatz einen Nebensatz/Gliedsatz (Relativsatz) machst und ihn in den anderen Satz einfügst.

1. Die „Hellwege" sind alte Fernstraßen. Sie wurden bereits vor vielen hundert Jahren benutzt.

2. Das Marktrecht sicherte den Städten regelmäßige Einnahmen. Diese Einnahmen führten zu großem Wohlstand.

3. Auf den Messen treffen sich Tausende (tausende) von Kaufleuten. Sie kommen aus aller Welt.

T67 Die Natur braucht den Menschen nicht

Die Natur war vor dem Menschen da. Alles, was auf der Erde ohne Einwirkung des Menschen entstanden ist, ist Natur. Das sind Berge, Flüsse, Seen, Pflanzen und die ganze Tierwelt. Der Mensch hat sich aber verbreitet und die Natur stark verändert. Vor 2000 Jahren war Europa noch ganz bedeckt von Wäldern. Dann wurden Straßen gebaut, Dörfer, Städte und Fabriken. Wälder wurden gerodet für den Schiffsbau, für Ackerland oder Viehweiden. Diese Eingriffe haben Folgen. Viele Tierarten sind ausgestorben, manche Pflanzen gibt es nicht mehr, die Luft ist verschmutzt. Aber wir brauchen die Natur für unser Leben! Deshalb müssen wir damit beginnen, unsere Lebensräume zu erhalten und die Natur zu schützen.

Naturschutz sind Maßnahmen zur Erhaltung und Pflege der Natur, Landschaften, seltener Pflanzen und Tierarten. Das bedeutet: Erhaltung der Lebensräume von Tieren, also zum Beispiel Hecken und Schilfgürtel, und der Schutz bestimmter Tiere. Diese dürfen nicht gefangen und getötet werden. Der Igel, die Spitzmaus, die Fledermaus und viele, viele andere Arten gehören dazu.

Wörter: 167

Notizen:

Ü Schreibe den Gesamtsatz, in dem eine Infinitivgruppe durch Komma abgetrennt wird, noch einmal auf.

Ü Schreibe die Satzreihe, die aus drei aufgezählten Hauptsätzen besteht, ebenfalls noch einmal auf.

T68 **Die Speisekarte der Neandertaler**

Der Neandertaler musste sich mit recht bescheidenen Gaumenfreuden zufriedengeben. Er konnte nicht einmal kochen, weil er dafür keine Gefäße hatte. Stattdessen warf er flache Steine ins Feuer, nahm sie heiß heraus und garte darauf das Fleisch. Er briet es auch am Spieß oder verzehrte es roh.
Eine Mahlzeit des Neandertalers könnte so ausgesehen haben: am Spieß gebratener Höhlenlöwe mit Wildfrüchten und gerösteten Haselnüssen. Der Höhlenmensch ernährte sich von gesammelten wilden Pflanzen und Früchten, von gefangenen Fischen und von Wildtieren, die er mit Holzspeer und Holzlanze erlegte. Pfeil und Bogen wurden erst 40 000 Jahre nach dem Neandertaler erfunden.
Auf dem Küchenzettel standen größere Tiere wie Waldelefant, Mammut, Wollnashorn, Riesenhirsch, aber auch kleinere Tiere wie Eisfuchs, Schneehase und verschiedene Vögel. Dazu gab es weder Brot noch Reis, Kartoffeln oder Nudeln. Wichtigste Beilage waren wilde Nüsse, die in speziellen Feuerstellen geröstet wurden. Wenn er Appetit auf Süßes hatte, musste der Neandertaler wilden Honig einsammeln. Bei dieser Kost kam es zu Mangelkrankheiten, die man an den Knochen der Steinzeitmenschen feststellen konnte. Vor allem fehlte es an Vitaminen.

Wörter: 179

Notizen:

Ü In dem folgenden Textauszug fehlen alle Satzzeichen. Setze sie ein und vergleiche dann mit dem Text oben.

Der Höhlenmensch ernährte sich von gesammelten wilden Pflanzen und Früchten von gefangenen Fischen und von Wildtieren die er mit Holzspeer und Holzlanze erlegte Pfeil und Bogen wurden erst 40 000 Jahre nach dem Neandertaler erfunden Auf dem Küchenzettel standen größere Tiere wie Waldelefant Mammut Wollnashorn Riesenhirsch aber auch kleinere Tiere wie Eisfuchs Schneehase und verschiedene Vögel Dazu gab es weder Brot noch Reis Kartoffeln oder Nudeln

T69 Der Blick in die Vergangenheit

Traurig, aber wahr: Wir sehen die Dinge nicht so, wie sie sind. Der Grund besteht darin, dass das Licht eine gewisse Zeit braucht, bis es zu unseren Augen gewandert ist. Im Alltag macht das nichts. Wenn wir einen Freund auf der Straße treffen, dann sehen wir ihn so, wie er vor dem winzigsten Bruchteil einer Sekunde ausgesehen hat. Sobald wir aber in den Himmel blicken, wird es verwirrend. Es dauert mehr als eine Sekunde, bis das Licht vom Mond die Erde erreicht. Das Licht von der Sonne braucht sogar acht Minuten, bis es bei uns ankommt. Wenn die Sonne in diesem Moment verschwindet, dann würden wir uns immer noch diese acht Minuten im Glauben wähnen, sie sei noch da.

Für die Sterne ist das noch viel gravierender. Das Licht von Alpha Centauri, dem uns nächsten Stern, ist immerhin schon vier Jahre alt, wenn es bei uns eintrifft. Das heißt, dass wir den Stern so sehen, wie er vor vier Jahren ausgesehen hat. Was kann da alles in der Zwischenzeit geschehen sein? Mit Hilfe (mithilfe) eines Fernrohrs, das um die Erde kreist, können wir sogar Licht von Sternen empfangen, die Milliarden Lichtjahre entfernt sind. Dieses Licht wurde ausgestrahlt, als es unsere Erde noch gar nicht gab. Heute sind die Sterne vielleicht schon verschwunden oder explodiert, aber das werden wir erst in einigen Milliarden Jahren erfahren.

Wenn wir in den Himmel blicken, dann tun wir also einen Blick in die Vergangenheit.

Wörter: 243

Notizen:

___

Ü Schreibe die folgenden Sätze in der richtigen Form auf. Achte vor allem auf die Zeichensetzung.

WennwireinenFreundaufderStraßetreffendannsehenwirihnso

wieervordemwinzigstenBruchteileinerSekundeausgesehenhat

SobaldwiraberindenHimmelblickenwirdesverwirrendEsdauert

mehralseineSekundebisdasLichtvomMonddieErdeerreicht

DasLichtvonderSonnebrauchtsogarachtMinutenbisesbeiuns

ankommtWenndieSonneindiesemMomentverschwindetdann

würdenwirunsimmernochdieseachtMinutenimGlaubenwähnen

sieseinochda

T70 Mitwelt statt Umwelt

Der Kern meiner Kritik an der bisherigen Politik ist, dass wir uns gegenüber der natürlichen Mitwelt so verhalten, als ob wir keine Menschen wären. Denn Menschen dürfen sich nicht so verhalten, wie wir es tun. Wenn wir uns in der Natur so verhalten, wie es uns nicht zusteht, nämlich nicht menschlich, beruht die Umweltzerstörung sozusagen auf einem Missverständnis, wer der Mensch ist. Dies beginnt schon bei dem Begriff „Umwelt". Unsere Umwelt ist der menschliche Lebensraum im Kosmos. Wir aber verhalten uns in der Natur so, als sei der Rest der Welt nur für uns da. Die ganze Welt ist dann bloß noch Umwelt des Menschen und sonst nichts. Wir stehen in der Mitte(,) und alles andere (Andere) steht um uns herum, mehr oder weniger griffbereit. Dies aber ist meines Erachtens eine ganz verfehlte Selbsteinschätzung und Überheblichkeit.
Denn wir Menschen sind nicht das Maß aller Dinge. <u>Die Menschheit ist mit den Tieren und Pflanzen, mit Erde, Wasser, Luft und Feuer aus der Naturgeschichte hervorgegangen als eine unter Millionen Gattungen am Baum des Lebens insgesamt.</u> Sie alle und die Elemente der Natur gehören zu der Welt um uns und so auch zu unserer Umwelt, aber eigentlich sind sie nicht um uns, sondern mit uns. Unsere natürliche Mitwelt ist alles, was von Natur aus mit uns Menschen in der Welt ist. Um dies zu betonen, spreche ich von unserer Mitwelt statt von unserer Umwelt.

Wörter: 236

Notizen:
___
___

Ü Schreibe die Regel auf, nach der in dem unterstrichenen Satz die Kommas gesetzt werden.

___
___
___
___

T71 Marokko: eine unglaubliche Vielfalt

„Im ständigen Wirbel einer dicht gedrängten (dichtgedrängten) Menge vibriert die Luft vor Geräuschen, Düften und Farben." Mit diesen Worten beschreibt ein touristischer Prospekt die typische Atmosphäre in den bunten Basaren Marokkos(,) und treffender könnte man es wohl kaum schildern. Da gibt es Teppiche und Textilien, alle Arten von Lederartikeln, Schmuck und Zierrat(,) und hinter jeder Biegung der verschlungenen Gänge wird das Auge von neuem (von Neuem) überrascht.

Besonderer Höhepunkt für Genießer sind natürlich die verführerischen Düfte, die die farbenfrohen Gewürzstände ausströmen. Etwas hartgesottener müssen die Geruchsnerven sein, wenn dann einige Meter weiter frisches Fleisch und frischer Fisch, an rustikalen Nägeln aufgehängt, an den Marktständen baumeln.

Der absolute Höhepunkt des orientalischen Flairs ist dann erreicht, wenn auf dem Platz vor dem Basar die Vorführung des Schlangenbeschwörers beginnt und wenn Feuerschlucker und Jongleure ihre Künste zeigen. Dies ist nicht nur Touristenattraktion, auch die Einheimischen haben offensichtlich ihre Freude daran(,) und man spürt, dass diese Art der Kleinkunst auch heute noch zum Alltagsleben gehört.

Vielfältiger als in Marokko kann das Alltagsleben kaum anderswo sein.

Wörter: 172

Notizen:

Ü Schreibe den folgenden Textauszug in der richtigen Weise auf und vergleiche anschließend mit dem Text oben.

besondererhöhepunktfürgenießersindnatürlichdieverführeri

schendüftediediefarbenfrohengewürzständeausströmenet

washartgesottenermüssendiegeruchsnervenseinwenndannei

nigemeterweiterfrischesfleischundfrischerfischanrustikalen

nägelnaufgehängtandenmarktständenbaumeln

T72 Woher kommt der Mensch?

Es ist noch gar nicht so lange her, da gab es auf diese Frage nur eine Antwort: Der Mensch wurde von Gott erschaffen. An dieser Auffassung der Bibel zweifelten nur Außenseiter. Dann aber, man schrieb das Jahr 1859, geschah etwas Unerhörtes. Wie ein Lauffeuer verbreitete sich die Nachricht, ein englischer Naturforscher, Charles Darwin, habe behauptet, der Mensch stamme vom Affen ab. Das hatte Darwin zwar so nicht gesagt, aber das Gerücht hatte einen wahren Kern. Denn er hatte tatsächlich erklärt, alles Leben habe sich aus einer gemeinsamen Wurzel entwickelt. Wie die Äste eines Baumes aus Wurzel und Stamm hervorgehen, so seien alle Lebewesen aus gemeinsamen Vorfahren hervorgegangen. Und wie sich die Äste immer weiter verzweigen, so hätten sich auch die verschiedenen Arten von Lebewesen immer weiter verzweigt.

Diese Entwicklung, behauptete Darwin, werde nicht von Gott, sondern vom Zufall gelenkt. Der Zufall ließe immer neue Lebewesen entstehen, die für den Kampf um das Dasein etwas besser gerüstet seien als ihre Eltern oder Geschwister, weil sie schneller, stärker, geschickter oder klüger seien. Das aber bedeute, dass sie länger lebten und deshalb mehr Nachkommen zeugen könnten. So schreite die Entwicklung langsam und blind voran. Zuerst seien sehr einfache, dann immer kompliziertere Lebewesen entstanden: Einzeller, einfache Vielzeller, Fische, Lurche, Vögel, Säugetiere und schließlich der Mensch.

Wörter: 213

Notizen:

_____

Ü In diesem Text findest du drei Einschübe, die durch Kommas vom übrigen Satz abgetrennt werden. Unterstreiche diese drei Einschübe.

Ü Bilde aus den folgenden Hauptsätzen ein Satzgefüge:

Der Zufall lässt immer neue Lebewesen entstehen. Sie sind für den Kampf ums Dasein besser ausgerüstet. Sie sind schneller, stärker, geschickter oder klüger.

_____

_____

_____

_____

T73 Das Echolot

Die Methode der Echolokalisierung, wie sie genannt wird, wendet der Mensch in der Technik an, und zwar im Echolot. Hierbei machen wir uns die Tatsache zunutze (zu Nutze), dass sich ein Echo auch in Flüssigkeiten bilden kann, zum Beispiel im Wasser.

Als diese Methode noch nicht entdeckt war, maß man die Wassertiefe mit Hilfe (mithilfe) einer bleibeschwerten Leine, nämlich dem Seillot. Am Seil waren in bestimmten Abständen Knoten oder Bänder angebracht. Wenn das Lot den Meeresboden berührte, wurde das Seil schlaff. Man zog es hoch und errechnete aus der Zahl der Knoten oder Bänder die Wassertiefe.

Ein Echolot arbeitet natürlich viel schneller. Ein Schallgeber, zum Beispiel eine am Schiffsboden angebrachte Metallplatte, wird von einem elektrischen Hammer angeschlagen. Die Schallwellen treffen auf den Meeresboden und werden zurückgeworfen. Sie erreichen einen Echoempfänger. Dieser stoppt die Zeit und errechnet, da man die Geschwindigkeit des Schalls im Wasser genau kennt, automatisch die Wassertiefe.

Mit nicht zu hörendem Schall, das heißt dem sogenannten (so genannten) Ultraschall, kann man sogar Fischschwärme unter dem Schiff entdecken. Fischer brauchen ihre Netze also heute nicht mehr auf gut Glück auszuwerfen.

Wörter: 179

Notizen:
_____
_____

Ü

Schreibe den folgenden Textauszug in der richtigen Weise auf und vergleiche anschließend mit dem Text oben.

diemethodederecholokalisierungwiesiegenanntwirdwendet

dermenschindertechnikanundzwarimecholothierbeimachen

wirunsdietatsachezunutzedasssicheinechoauchinflüssigkei

tenbildenkannzumbeispielimwasser

T74 Ronja Räubertochter

Astrid Lindgren erzählt in ihrem Kinderroman „Ronja Räubertochter" von der verbotenen Freundschaft zweier Räuberkinder, deren Sippen seit Jahren verfeindet sind. Zwischen Ronja und Birk, so heißen die Kinder, entwickeln sich eine enge Freundschaft und tiefe Zuneigung zueinander.
Ihre Väter dürfen davon natürlich nichts erfahren, vor allem Mattis nicht, der seine Tochter über alles liebt. Ronja schweigt, um ihren Vater nicht zu kränken, bis er eines Tages Birk als Geisel nimmt. Mit der Entscheidung, den Freund zu retten, lehnt sie sich zum ersten Mal gegen den Vater auf.
Die beiden Kinder verbringen den Sommer allein in einer Bärenhöhle. Hier wird ihre Freundschaft immer wieder auf eine harte Probe gestellt. Doch die Kinder halten an ihrer Beziehung fest und überzeugen schließlich sogar Ronjas Vater.
Die aufwendig (aufwändig) inszenierte Verfilmung von Tage Danielsson, zu der die Autorin selbst das Drehbuch geschrieben hat, gibt die Atmosphäre des Buches gut wieder. Der Film wurde 1985 mit dem „Silbernen Bären" ausgezeichnet.
Wer die Unholde des Mattiswaldes aber zunächst in seiner eigenen Fantasie (Phantasie) entstehen lassen möchte, sollte das Buch auf jeden Fall vor dem Film genießen.
Alle, die sich für filmische Tricks interessieren, kommen in Tage Danielssons „Buch zum Film" auf ihre Kosten.

Wörter: 198

Notizen:

___

Ü Unterstreiche im folgenden Textauszug alle Hauptsätze und versieh die Nebensätze/Gliedsätze mit einer Wellenlinie.

Die aufwendig (aufwändig) inszenierte Verfilmung von Tage Danielsson, zu der die Autorin selbst das Drehbuch geschrieben hat, gibt die Atmosphäre des Buches gut wieder. Der Film wurde 1985 mit dem „Silbernen Bären" ausgezeichnet.

Wer die Unholde des Mattiswaldes aber zunächst in seiner eigenen Fantasie (Phantasie) entstehen lassen möchte, sollte das Buch auf jeden Fall vor dem Film genießen.

Alle, die sich für filmische Tricks interessieren, kommen in Tage Danielssons „Buch zum Film" auf ihre Kosten.

Zeichensetzung: Aufzählung, Satzgefüge, Infinitivgruppe

T75 Kernenergie, Segen oder Fluch für die Menschheit?

Professor Hahn und seinem Mitarbeiter Strassmann gelang es 1938, Atome zu spalten. Bei diesem Vorgang entsteht sehr viel Hitze. Mit dieser Energie kann man Wasser in Dampf verwandeln und damit Turbinen mit Generatoren antreiben. Die Generatoren liefern Strom für die Maschinen in Fabriken und für den Haushalt mit all den elektrischen Geräten(,) wie zum Beispiel Waschmaschine, Herd, Fernsehgerät und Computer.
Mit der Atomspaltung glaubte man(,) endlich eine Energiequelle gefunden zu haben, die für alle Zeiten Energie liefern würde, denn die Erdöl-, Gas- und Kohlekraftwerke werden auf der Erde immer weniger.
Allerdings werden bei der Energieerzeugung durch Atomspaltung gefährliche Strahlen frei, die für Mensch und Umwelt sehr schädlich sind.
In Tschernobyl in der Ukraine explodierte vor einigen Jahren ein Kernkraftwerk und verseuchte ganze Landstriche radioaktiv. Viele Menschen starben oder wurden sehr krank. In der Folge wurden viele Kinder missgebildet geboren.
Die Abfälle aus den Kernkraftwerken sind für viele Jahrhunderte gefährlich, deshalb versucht man(,) eine sichere Endlagerung in unterirdischen Lagerstätten zu finden. Schon der Transport zu den Lagerstätten ist für die Umwelt und die Begleitmannschaft nicht ungefährlich, auch wenn dicke Stahlbehälter verwendet werden.
In der Medizin setzt man das Wissen über die Radioaktivität ein, um Krankheiten im Körper aufzuspüren und mit den Strahlen schnell wachsende (schnellwachsende) Gewebe (Tumore) zu vernichten.

Wörter: 215

Notizen:

_____
_____
_____

Ü Schreibe einen Gesamtsatz aus dem Text auf, in dem eine Infinitivgruppe durch Komma vom übergeordneten Satz abgetrennt werden muss.

_____
_____

Ü In welchen Fällen muss eine Infinitivgruppe vom übergeordneten Satz abgetrennt werden? Formuliere eine Regel mit eigenen Worten.

_____
_____

Der Bindestrich

> **R** Der Bindestrich dient vor allem dazu, die einzelnen Bestandteile von Zusammensetzungen für den Leser/die Leserin deutlicher als bei der Zusammenschreibung hervorzuheben und gleichzeitig zu verknüpfen.
> Im Einzelnen gelten folgende Regelungen:

1. Einen Bindestrich setzt man in Zusammensetzungen mit Einzelbuchstaben, Abkürzungen oder Ziffern.

   BEISPIEL C-Dur, T-Shirt, y-Achse, x-beliebig, Dehnungs-h (Einzelbuchstaben)
   LKW-Ladung, Handball-EM, ICE-Zuschlag, Dipl.-Ing. (Abkürzungen)
   der 8-Jährige, 14-jährig, 100-prozentig, 3-silbig, 6-Zylinder, 2-kg-Packung (Ziffern)

   Achtung: die 68er, der GEWler, ein 18tel, 100%ig
   die 68er-Bewegung, der GEWler-Protest, eine 20er-Gruppe, in den 60er-Jahren (auch: in den 60er Jahren)

2. In Zusammensetzungen (Aneinanderreihungen), die wie ein Nomen/Substantiv gebraucht werden, steht häufig ein Bindestrich. Das gilt vor allem bei mehrteiligen Infinitiven, die als Nomen/Substantiv gebraucht werden.

   BEISPIEL Das Entweder-oder, das Sowohl-als-auch, das Walkie-Talkie, das Make-up, das In-die-Wege-Leiten, das In-Kraft-Treten, das Von-der-Hand-in-den-Mund-Leben

   Achtung: Das Fahrradfahren, das Skilaufen, das Feuerschlucken

3. Enthält eine Zusammensetzung (Aneinanderreihung) bereits einen Bestandteil, der mit Bindestrich geschrieben wird, steht zwischen allen weiteren Teilen ebenfalls ein Bindestrich.

   BEISPIEL ICE-Zug-Schaffnerin, C-Dur-Tonleiter, 20-Cent-Briefmarke, 6-Zylinder-Motor, Hals-Nasen-Ohren-Klinik, Make-up-freie Haut, Ad-hoc-Entscheidung

4. Unübersichtliche Zusammensetzungen aus gleichrangigen Adjektiven erhalten einen Bindestrich.

   BEISPIEL die deutsch-amerikanischen Handelsbeziehungen
   ein französisch-deutsches Wörterbuch
   physikalisch-biologisch-chemische Verfahren

Achtung: Zweiteilige Farbzusammensetzungen werden in der Regel nicht mit Bindestrich geschrieben.

 die gelbgrüne Mütze, die schwarzweiße Kuh

5. In Zusammensetzungen, die einen oder mehrere Eigennamen haben, steht sehr oft ein Komma.

 Isabell Flügel-Kirchhoff, Eva-Christina Müller, Foto-Schulze, Möbel-Ruhe, Nordrhein-Westfalen, Sachsen-Anhalt, Pelizaeus-Gymnasium, Friedrich-Schiller-Allee, Kafka-Gesamtausgabe

Achtung: In Ortsbezeichnungen mit Sankt oder Bad steht kein Bindestrich.

 Sankt Augustin, Bad Lippspringe

In einigen Fällen kann ein Bindestrich gesetzt werden

1. Zur Hervorhebung bestimmter Bestandteile einer Zusammensetzung

 die Ich-Erzählung (die Icherzählung), die Er-Perspektive (die Erperspektive), der Vor-Denker (der Vordenker), die Hoch-Zeit (Hochzeit) des Barock, die Brecht-Ausgabe (Brechtausgabe)

2. Zur Vermeidung von Missverständnissen

 das Musik-Erleben – das Musiker-Leben
das Druck-Erzeugnis – das Drucker-Zeugnis

3. Zur besseren Lesbarkeit von Zusammensetzungen, in denen drei Vokale oder Konsonanten aufeinandertreffen.

 Kaffeeexport – Kaffee-Export
Alleeeinfassung – Allee-Einfassung
Betttuch – Bett-Tuch
Teeei – Tee-Ei

4. Zur besseren Lesbarkeit von unübersichtlichen Zusammensetzungen

Lottoannahmestelle – Lotto-Annahmestelle
Ultraschallmessgerät – Ultraschall-Messgerät
Arbeiterunfallversicherungsgesetz – Arbeiter-Unfallversicherungsgesetz

Der Bindestrich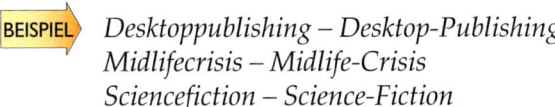

5. Bei vielen Zusammensetzungen aus anderen Sprachen, vor allem aus dem Englischen, kann ein Bindestrich gesetzt werden.

 Desktoppublishing – Desktop-Publishing
Midlifecrisis – Midlife-Crisis
Sciencefiction – Science-Fiction

6. Werden aus dem Englischen stammende Verbindungen aus einem Verb und einem Adverb als Nomen gebraucht, wird in der Regel mit Bindestrich geschrieben. Es kann jedoch auch zusammengeschrieben werden, wenn die Lesbarkeit nicht behindert wird.

 der Knock-out – der Knockout
das Stand-by – das Standby
der Count-down – der Countdown

Worttrennung am Zeilenende

> **R** Wörter können am Zeilenende nach Silben getrennt werden, die sich bei langsamem Sprechen ergeben. Ein einzelner Vokal am Wortanfang oder -ende wird nicht abgetrennt. Das gilt auch für die Teile von zusammengesetzten Wörtern *(Heiz-ofen)*.

BEISPIEL *Un-ter-tas-se, Ofen-rohr, lau-fen, Kä-se-ku-chen, vi-o-lett, Fa-mi-lie, na-ti-o-nal*

Aus der Grundregel, dass nach Sprechsilben getrennt wird, ergeben sich noch folgende gesondert zu beschreibende Regelungen:

> **R** Steht in einfachen (nicht zusammengesetzten) deutschen Wörtern zwischen zwei Vokalen ein Konsonant, wird dieser bei der Trennung mit in die folgende Zeile genommen. Stehen mehrere Konsonanten zwischen zwei Vokalen, wird der letzte mit in die neue Zeile genommen.

BEISPIEL *rei-ßen, Hau-fen, ru-fen, Se-gel, Ha -fen*
Run-de, lan-den, Kas-se, ras-ten, Rit-ze, knusp-rig, imp-fen, Städ-ter

> **R** Buchstabenverbindungen, die für einen Konsonanten stehen, werden nicht getrennt. Dazu gehören: ck, ch, sch, ph, rh, sh oder th.

Zu-cker, ba-cken, ma-chen, Wä-sche, Deut-scher, Ste-phan, Myr-rhe (Myr-re), Goe-the, Fa-shion

> **R** In Fremdwörtern können Verbindungen aus einem Konsonanten + l, n oder r getrennt werden oder zusammen mit auf die neue Zeile genommen werden. Die Trennung erfolgt in diesem Fall wahlweise entsprechend der zweiten Regel oder nach den Silben, die bei langsamem Sprechen auch entstehen können (vgl. Grundregel).

BEISPIEL *Zyk-lus oder Zy-klus*
Mag-net oder Ma-gnet
Dip-lom oder Di-plom
Pub-li-kum oder Pu-bli-kum

Sak-ra-ment oder *Sa-kra-ment*
Hyd-rant oder *Hy-drant*
Feb-ruar oder *Fe-bruar*
neut-ral oder *neu-tral*
nob-le oder *no-ble*

R Zusammengesetzte Wörter und Wörter mit einer Vorsilbe (Präfix) trennt man zwischen den einzelnen Bestandteilen/Wortbausteinen. Das gilt in der Regel auch für Fremdwörter und Eigennamen.

BEISPIEL *Haus-tür, Frei-tag, Berg-bau, Ver-lust, Vor-sicht, Ab-fuhr, Pro-gramm, Karls-bad, Kon-trast, Syn-these.*

R Wenn ein Wort nicht mehr als Zusammensetzung erkannt oder empfunden wird, kann es nach Sprechsilben oder nach den Wortbausteinen getrennt werden. Das gilt auch für einige häufig verwendete Fremdwörter.

BEISPIEL *hi-nauf* oder *hin-auf*
he-raus oder *her-aus*
wa-rum oder *war-um*
da-rum oder *dar-um*
in-te-res-sant oder *in-ter-es-sant*
He-li-kop-ter oder *He-li-ko-pter*
Chry-san-the-me oder *Chrys-an-the-me*

Textquellenverzeichnis

(Die Ziffern zur Kennzeichnung der Texte beziehen sich auf die Nummerierung der Texte und stellt keine Seitenzahlangabe dar. Texte mit * wurden leicht verändert bzw. lehnen sich an den Originaltext an.)

Lange Vokale (Dehnung)

1–9, 19, 20	Glunk, Fritz R.: Unsere Erde. Wissen von A–Z. Bindlach: Loewe Verlag 1996
10–17	Lenz, Nikolaus: Das Buch der 1000 Kinderfragen. Bindlach: Loewe Verlag 1996
18	Wie ist das möglich? 1001 Antworten auf erstaunliche Dinge, die du schon immer wissen wolltest. Nürnberg: Tessloff Verlag 1995
T 1	Lenz, Nikolaus: Das Buch der 1000 Kinderfragen. Bindlach: Loewe Verlag 1996
T 2	Fritz, Martin: Fliegen fliegen rückwärts? Erstaunliches und Kurioses über den Menschen, die Natur und die Technik. Würzburg: Arena Verlag 1994
T 3*, T 1*	Silver, Debbie; Vallely, Bernadette: Was du tun kannst, um die Erde zu retten. Wien: Verlag Carl Ueberreuter 1991
T 4, T 1*	Zürn, Sabine (Red.): Farbige Welt. Mensch und Technik. Ravensburg: Ravensburger Buchverlag Otto Maier 1996
T 6*	Wittschier, Michael: Erkenne dich selbst. Abenteuer Philosophie. Düsseldorf: Patmos Verlag 1994
T 7*	Pleticha, Heinrich (Hrg.): dtv junior Literatur-Lexikon. Sprache, Lebensbilder, literarische Begriffe und Epochen. München/Berlin: Deutscher Taschenbuch Verlag/Cornelsen Verlag 1986
T 8*, T 9	Hutter, Claus-Peter: Demokratie. Nürnberg: Tessloff Verlag
T 11	Schreiber, Rudolf L. (Hrg.): Rettet die Wildtiere. Stuttgart: Pro Natur Verlag 1980

Kurze Vokale (Schärfung)

1, 16, T 13	Wer? Was? Wann? Wie? Wo? Interessante Fragen – spannende Antworten. Nürnberg: Tessloff Verlag 1995
2, 3, 6, 7	Treff Schülerbuch 1994. Seelze: Velber Verlag 1993
5	Neue Westfälische vom 9.1.1997
8	Neue Westfälische vom 14.5.1997
9, 11	Glunk, Fritz R.: Unsere Erde. Wissen von A–Z. Bindlach: Loewe Verlag 1996
10	Stuttgarter Nachrichten vom 28.11.1994
14	Main Post vom 11.7.1994
15	Lenz, Nikolaus: Das Buch der 1000 Kinderfragen. Bindlach: Loewe Verlag 1996
T 14*, T 18, T 21*	Fritz, Martin: Warum? Warum? Warum? 111 verblüffende Fragen und Antworten. Würzburg: Arena Verlag 1992
T 15*	Golluch-Buberl, Norbert; Jörg, Sabine; Pausl, Wolfgang: Peter Lustigs Löwenzahn. Band 11. Köln: vgs verlagsgesellschaft 1992
T 16*, T 17*	Zürn, Sabine (Red.): Farbige Welt. Mensch und Technik. Ravensburg: Ravensburger Buchverlag Otto Maier 1996
T 19*, T 22*	Silver, Debbie; Vallely, Bernadette: Was du tun kannst, um die Erde zu retten. Wien: Verlag Carl Ueberreuter 1991
T 20, T 24*	Lenz, Nikolaus: Das Buch der 1000 Kinderfragen. Bindlach: Loewe Verlag 1996
T 23*	Hutter, Claus-Peter: Demokratie. Nürnberg: Tessloff Verlag

s-Laute

1–8	Treff Schülerbuch 1994. Seelze: Velber Verlag 1993
9, 10	Lenz, Nikolaus: 1000 Wunder der Tierwelt, Bindlach: Loewe Verlag 1996
11–16	Glunk, Fritz R.: Unsere Erde. Wissen von A–Z. Bindlach: Loewe Verlag 1996
17–22	Wie ist das möglich? 1001 Antworten auf erstaunliche Dinge, die du schon immer wissen wolltest. Nürnberg: Tessloff Verlag 1995

Textquellenverzeichnis

23–26	500 Fragen & Antworten. Ravensburg: Ravensburger Buchverlag Otto Maier 2004, S. 78
T 25	Unglaublich, aber wahr! Erstaunliche Fragen – überraschende Antworten. Nürnberg: Tessloff Verlag 1995
T 26	500 Fragen & Antworten. Ravensburg: Ravensburger Buchverlag Otto Maier 2004, S. 146–149 (in Auszügen)
T 27, T 30	Lenz, Nikolaus: Das Buch der 1000 Kinderfragen. Bindlach: Loewe Verlag 1995
T 31*, T 32*	Umwelt Spiegel Paderborn, Juli 97–November 97
T 28*	
T 29	Süddeutsche Zeitung Nr. 232 vom 9.10.97
T 33	Schreiber, Rudolf L. (Hrg.): Rettet die Wildtiere. Stuttgart: Pro Natur Verlag 1980
T 34*	Veit, Barbara; Wiebus, Hans-Otto: Umweltbuch für Kinder. Umweltverschmutzung und was man dagegen tun kann. Ravensburg: Ravensburger Buchverlag Otto Maier 1986
T 3*	Pollock, Steve: Geheimnisse der Tierwelt. Freiburg: Herder 1990
T 36*, T 37*	Hutter, Claus-Peter: Demokratie. Nürnberg: Tessloff Verlag

Groß- und Kleinschreibung

1, 2	Treff: Schülerbuch 1994, Seelze: Velber Verlag 1993, S. 10
3, 7*, 8, 16–20	Glunk, Fritz R.: Unsere Erde. Wissen von A–Z. Bindlach: Loewe Verlag 1996
4, 6, 14	Bertelsmann Kinder Lexikon. Wissen Media Verlag GmbH, Gütersloh, München, 2005
9*, 10*	Wie ist das möglich? 1001 Antworten auf erstaunliche Dinge, die du schon immer wissen wolltest. Nürnberg: Tessloff Verlag 1995
12*	Neue Osnabrücker Zeitung vom 23.3.1995
13	Neue Presse vom 27.4.1995
15	Main Post vom 11.11.1994
21	Neue Westfälische vom 14.5.1997
22*	Stuttgarter Nachrichten vom 5.9.1994
26*	Ruhr-Nachrichten vom 25.3.1995
27	Hannoversche Allgemeine Zeitung vom 5.9.1994
T 40*	Liberati, Anna Maria; Bourbon, Fabio: Rom, Weltreich der Antike. Erlangen: Karl Müller Verlag 1996
T 42	Unglaublich, aber wahr! Erstaunliche Fragen – überraschende Antworten. Nürnberg: Tessloff Verlag 1995
T 44*	Fronval, George; Hetmann, Friedrich: Das große Buch der Indianer. Stuttgart: Boje-Verlag 1973
T 49*	Golluch-Buberl, Norbert; Laudahn, Vera; Münter, Burckhard; Mönter, Hildebard: Peter Lustigs Löwenzahn, Band 10. Köln: vgs Verlagsgesellschaft 1991

Getrennt- und Zusammenschreibung

1–6, 16–19	Glunk, Fritz R.: Unsere Erde. Wissen von A–Z. Bindlach: Loewe Verlag 1996
13	Wie ist das möglich? 1001 Antworten auf erstaunliche Dinge, die du schon immer wissen wolltest. Nürnberg: Tessloff Verlag 1995
T 50*, T 52*, T 53, T 54*, T 58*	Lenz, Nikolaus: Das Buch der 1000 Kinderfragen. Bindlach: Loewe Verlag 1995
T 57*	Prisma Nr. 39, 1997
T 59*	Wulfekamp, Ursula und Mirschel, Veronika: Junior Wissen. Weltwunder, Unipart-Verlag, Stuttgart 1993
T 60*	Böhmer, Otto: Sofies kleines Lexikon, München, Wien: Carl Hanser Verlag 1996
T 61*	Hutter, Claus-Peter: Demokratie. Nürnberg: Tessloff Verlag

Zeichensetzung

1*, 10, 15, 19, 24*, 26, 32–36	Bertelsmann Kinder Lexikon. Wissen Media Verlag GmbH, Gütersloh, München, 2005
2	Neue Osnabrücker Zeitung, 11.11.1994

Textquellenverzeichnis

3*, 4*, 9, 12*, 14*, 16*, 18, 29*, 30*, 31*, 38	Lenz, Nikolaus: Das Buch der 1000 Kinderfragen. Bindlach: Loewe Verlag 1995
5	Neue Hannoversche Presse, 25.5.1995
6, 8	Wie ist das möglich? 1001 Antworten auf erstaunliche Dinge, die du schon immer wissen wolltest. Nürnberg: Tessloff Verlag 1995, S. 248
11*	Hannoversche Presse, 22.6.1995, gekürzt
13	Unglaublich, aber wahr! Erstaunliche Fragen – überraschende Antworten. Nürnberg: Tessloff Verlag 1995, S. 164
17	Cuxhavener Nachrichten, 9.11.1995
20	Main Post, 20.9.1994
21	Neue Osnabrücker Zeitung, 9.8.1995
28	Glunk, Fritz R.: Unsere Erde. Wissen von A–Z. Bindlach: Loewe Verlag 1996
37*	Anne Demoulin: Jetzt weiß ich, warum! Klare Antworten auf schlaue Fragen. Nürnberg: Tessloff Verlag 1995, S. 57 (gek.)
39	Unglaublich, aber wahr! Erstaunliche Fragen – überraschende Antworten. Nürnberg: Tessloff Verlag 1995, S. 167
40–42	Wie ist das möglich? 1001 Antworten auf erstaunliche Dinge, die du schon immer wissen wolltest. Nürnberg: Tessloff Verlag 1995, S. 107
T 65*	Pleticha, Heinrich (Hrg.): dtv junior Literatur-Lexikon. Sprache, Lebensbilder, literarische Begriffe und Epochen. München/Berlin: Deutscher Taschenbuch Verlag/Cornelsen Verlag 1986
T 67*, T 75	Bertelsmann Kinder Lexikon. Wissen Media Verlag GmbH, Gütersloh, München, 2005
T 68*	Fritz, Martin: Fliegen fliegen rückwärts? Erstaunliches und Kurioses über den Menschen, die Natur und die Technik. Würzburg: Arena Verlag 1994
T 70	Meyer-Abich, Klaus Michael: Wege zum Frieden mit der Natur. Praktische Naturphilosophie für die Umweltpolitik. München: Hanser Verlag 1984
T 71*	Extra Tour, Nr. 4, Juli/August 1996
T 72*	Tarnkowski, W. und K.: Unser Körper, Nürnberg: Tessloff Verlag 1972/95
T 74	Meden, Daniela v. d. : Ronja und Birk. Lesebar. Freundschaften. Friedrich Verlag in Zusammenarbeit mit Klett Verlag, Stuttgart